女　官

明治宮中出仕の記

山川三千子

目次

女官

宮中へ奉仕……11
私の生いたち／お目見得の日／迎えの馬車に乗る／その頃の女官たち／局の生活／女官の仕事／典型的なお局さん／歩きだしたえびの始末／廻りくどい秩序／地震の場合は命がけ／三ばあさん／御服掛とお裁縫所／「火の元、火の元」
明治天皇と昭憲皇太后……40
苦労人だった陛下／侯爵令息の自動車運転手／紛失した懐中時計／広島時代の陛下／陛下に叱られた思い出／お供と一しょに蔵の中へ／おむつまじかった皇后宮との御仲／陛下でもお笑いになるか／外国人との交際はにが手／皇后宮は「天狗さん」／人形のお使い／皇后宮の御性格
両陛下の御日常……69
「おひーる」に始まる／木曜のおテーブル／御夕食と入浴／六

号と花ちゃん／「おひる」から「御格子」まで／おさがりの始末／御庭のお食事／その頃の今上陛下／形式だけの御機嫌伺い
内侍の生活……96
お新参さん／一番苦心したお配膳／「世間広し」の貼紙／解放の夜／あんこう鍋で一杯やる女官／ある夜の出来ごと
昔の女官気質……113
戴き物で底が抜ける／結婚とは不都合千万／そでの下もあった／「おたから」と千疋の単位／おいしかった細長い魚／鋏にも使い方がある／局に出た幽霊／医者の特権／樫田博士と美談
女官の行楽……135
外出は馬車で／はじめての芝居見物／新聞に出なかった浅草事件

次ぎ、清と忌服……145
やかましい次ぎ、清の区別／淋しい忌服中の生活
夏の日の思い出……151
落雷／本の虫干／朝顔／西瓜
年中行事……159
一月／二月／三月／四月／五月／六月／七月／九月／十月／十一月／十二月
明治天皇崩御まで……201
お胸から落ちた宝冠章／天皇御発病／御所の七不思議の一／花氷をはこぶこわい女官さん／重態の床の天皇／明治天皇崩御／切腹を覚悟の写真／本願寺の坊主を侍従長にしたい／御大葬

大正の御代を迎えて……223
「おまえ写真を持っているか」／人員整理のうわさ／青山御所へ御移転／墨絵のような、が一大事に／桜木内侍となる／絶食して死んだ御愛犬／憂欝な一時／ある大工と息子の話／前田邸の珍事件／走る電車は初めて／大正初めの観菊会／大正初めの天長節祝日

晩年の昭憲皇太后……254
沼津行啓／漁夫も御挨拶を／「芸者とは何をする人か」／ハイネの詩集を手に／浜の稲荷の御利益／皇太后宮御発病／崩御／ある夜の不思議な夢／悲しみの御帰京／殯宮にて／御大葬／寝台車の冒険

故郷に帰る……288
残務整理／胸によみがえる面影の人／お別れの御挨拶／懐かし

き京都へ／孤独／御一周年祭を最後に／ある秋の日に／大正天皇の御即位式／ああ御不幸だった陛下
附録　宮中の言葉……317
明治宮廷表見取図……320
明治宮廷御内儀見取図……322
あとがき……324
解説　宮中の「闇」をあぶり出す……原　武史……328

女官

明治宮中出仕の記

〔凡　例〕

一、本書は、山川三千子著『女官』（一九六〇年、実業之日本社刊）を文庫化したものである。文庫化にあたり、新たに副題「明治宮中出仕の記」を付した。

一、本文中に、編集部による注記を〔　〕で括って挿入した。

一、読みやすさを考慮して、漢字表記や送りがなを改めたほか、読みにくい漢字には適宜ふりがなを付した。

一、明白な誤記・誤植は訂正した。

一、本文中に、身体的特徴や障害などに関して、現在では差別的とされる表現が含まれるが、著者が故人であること、本書に描かれた時代背景と歴史的資料性などを考慮し、原文のままとした。

宮中へ奉仕

私の生いたち

京都から召されて私が宮中へ奉仕いたしましたのは、十八歳の夏、明治四十二〔一九〇九〕年のことでございました。

その動機は親戚に当る、時の宮内大臣だった岩倉具定《いわくらともさだ》のすすめによるものでございましたが、あの時代、公卿《くげ》など古い家の風習は、学校の往復さえ女中が付いてくる有様で、何につけても子女の自由はあまりにも無視されておりました。世の中一般もそうであったのでしょうが、結婚といっても親たちばかりのきめた縁談に従って嫁ぎ、不満があっても涙ながらに我慢をしているような人がほめ者で、喰べ物の好き嫌いなどをいうと、お嫁にいって困るとか、行儀が悪くては貰い手がないなどと、お嫁にいく以外に女の生きる道はないように、箸の上げ下しにまでやかましくいわれるので、本当に女はつまらないものだとつくづく考えていました。

口性無《くちさがな》い人が「公卿の娘と猫の子は売れ残りがない」などと、失礼なことをいったとやら聞きましたが、事実あの時代は、華族の娘という名だけでぜひ息子の嫁にと、莫大な仕度を贈って娘を貰いうけた大実業家もあったように、華族の親戚になるのが一種の流行かとさえ思えました。また衣食さえたりればと、喜んで飾り物のようなお嫁さんになった人もございましたが、私はそんな我慢をするくらいならむしろ一人で、などと夢見ておりました。

兄二人弟二人の真中にただ一人女として生れました私は、皆からも珍らしがられ、ことに父からも可愛がられて、我ままに振舞ってはおりましたが、やはり両親としては、ただ優しくつつましくのみ育てるのが理想のようで、女にはなまじ学問などさせると、生意気になって人に嫌われるなどと言って、何を習いたいといってもすこしも取りあげてくれず、茶の湯、生け花等の稽古より許してくれません。

こんな風習に何となく反感を持っておりました私は、なぜ男に生れなかったのかと口惜しくて仕方がなく、何とかして自活の道はないものかと考えておりましたので、この奉職のすすめは願ってもない絶好のチャンスと、大喜びいたしました。それに東京以外で生れた人は、誰でも思うであろうように、一度は東京に出て見たいという好奇心も手伝って、「すまじきものは宮仕えという言葉もある」と不安がる両親を説き伏せて、上京しましたのは二月なかばで、両親と共に神田の旅館に着きました。

お目見得の日

まず最初、お目見得《めみえ》（採用試験のようなもの）に出ましたのは五月で、髪は生れて始めての高島田に結び、振袖を着て皇后宮職に出頭いたしました。属官に案内されて女官応接室にまいりますと、そこには東京在住の某子爵の令嬢も来ておられ、間もなく入ってきた香川〔敬三〕皇后宮大夫の紹介で相手の名前を知りました。

そして大夫から生年月日や、略歴などいろいろときかれて話している内に、「ご用意ができました」という女官の迎えで、ずっと奥へ進みました。

今までは二、三人の希望者の内から皇后宮さまのお隙見《すきみ》で決定されましたのだそうですが、私の出た時は九人ばかり希望者がございましたとか（お目見得は全部が同時ではございません）。この時に限って、お上が、「今度はわしもいっしょに見るから」と仰せになって、両陛下でお隙見を遊ばしましたそうです。

お隙見とは、立て廻した屏風の一部が切ってあって、そこから御覧になるのですが、御座所の方は一段高くて暗く、こちらは申《もうし》の口《くち》の下にいて、明るいので、何も気付きません。そこへおもだった女官二、三人が出てきて、種々の問答をしたり、立たせたりすわらせたりもしました。そして最後には「向こうをむいて、お辞儀をしておさがりなさい」と、いわれ、退出してまいりましたが、何をきかれ何を答えたのかさえ、一さい夢中でございました。

それから一ヵ月二ヵ月と月日は過ぎても、何のご沙汰もまいりませんので、「ああ、あの時ご一しょだった令嬢は丈けも高くたいへん美しい方の上に、質問にもはきはき答えていらしたようだから、とても私など駄目なのだろう」と、なかばあきらめていましたが、「ご採用になるから、服装その他万事世話をする女をさし向ける」という通知を受けたのは三ヵ月後のことで、これで漸《よう》く望がかなったと、うれしくてうれしくて、ともすると興奮で眠れない夜がございました。

当時御所内のことといえば、一般の人には何も分かりませんので、初めて勤める人のために世話親、世話子という制度があって、万事世話親の指図によって見習をすることになっておりました。出勤時の服装その他は、みな世話親に当る女官の使っている老女が、若い針女《しんめ》（侍女）に手伝わせて、何くれとなく整えてくれますから、自分の身のまわりについては何の心配もなく、人のしてくれるままになっていればよいのでございました。

普通一般の日本服は用いませんので、日本服といえば、白羽二重の丸袖の着物（二十八歳までの若い人は緋縮緬《ひぢりめん》の時もある）に緋の袴、好みの色の袿衣《うちぎ》、洋装の時は今のワンピースに似た仕立の裾の長い物というのが日常の通勤服で、部屋着は紫縮緬のしぼりとか、お召の矢絣《やがすり》などの掻取《かいど》り姿なので、なれた老女が世話でもしてくれない限り、何が何だかちっともわかりません。

私の世話親は、皇太子（大正帝）のご生母柳原《やなぎわら》典侍ときまって、老女の「ふき」がいろいろと打合せのために旅館にまいりました。

「お召物は下方《したがた》（普通一般の日本服）とは、柄も仕立も違いますので、おいおいお作りいたしますが、紫の矢絣とか、黄八丈などはお部屋着になおします。また新らしくお求めになるのも、そういったものがよろしうございましょう。お勤着はお世話親さまや、ご先輩からお祝に進ぜられる（贈られる）ので一応お間に合いますが、お局《つぼね》でのお夜具類と、長持、箪笥、用だんす、机などの調度品は揃えてお持ち頂きます。でないと、よそさまの口うるさい侍女たちが何かとお噂いたしますから。中は一ぱい入っていなくとも結構でございます。ある方がお道具なしでお上りになったばっかりに、お風呂敷さまというあだ名を付けられたりなさいました」

などと話して帰りました。

迎えの馬車に乗る

　さて、今日はいよいよ宮城に出仕する当日、朝まっくらのうちから入浴して高島田に結髪、何だか人ごとのようにぼんやりと鏡の前にすわって、されるままになっていたのが幾時間くらいでしたかしら。「さあ、お仕度はできましたよ」といわれて、この間新調したばかりの振袖や帯は似合うかしら、調和はどうかとちょっと姿見の前に立って、馬子にも衣裳とはよくいったものとほおえみましたが、心はこれから始まる宮中生活のことで一ぱい。

　女官とはどんなものかと、まだ見ぬ夢を心にえがいたり、始めて両親と別れることの不安を、自分ながら意気地なしとあざけったり、何とも言いあらわせぬ感情の交錯の内に時間もせまり、

「おでいさま（公卿ことばで父のこと）おたあさま（母）ではいってまいります。ごきげんよう」

との挨拶もそこそこに、迎えの馬車で宮城に出頭いたし、女官生活の一歩をふみ出しました。

お目見得の日の話を後になってききますと、たち会いに出た女官たちは、私と一しょだった美しくてはきはきしていたその令嬢を一番にあげた人が多かったそうですが、「あんなおしゃべりは駄目だ、あちらの方がいい」と、お上のご一言で私にきまり、別の日に出られた烏丸《からすまる》花子さんが、東宮さまの方へゆかれることになったのだそうでございます。

その当日は世話親と定められた柳原典侍の局《つぼね》に案内されまして、昔風の丸い鏡（形は古風だが鏡は普通のガラス製）の前に二時間余もすわらせられて、ようやく出来上ったお雛様のような髪に、着なれない袿 袴《うちきばかま》という衣装をつけて貰って、好奇心と希望に満ちながら、初めて出勤いたしました。

高倉典侍

やがて女官長につれられて両陛下にご挨拶申し上げ、次々と女官にひきあわされました。初めは見習程度ですが、階級制度のこの社会では、華族出身者はすぐお側に出て御用をすることになりますから、なかなか責任は重うございます。まず最初に、

「すべて宮中内のことはどんな些細な事柄も、親兄弟にさえ話してはならないのですよ」

と、高倉典侍から言い渡されました。

その頃の女官たち

その当時の女官は華族出身が十三人、士族出身の高等官待遇が十人、それが全部本名と、何々典侍とか、何々内侍《ないし》とかいう、いわゆる源氏名と、ニックネームまでありますので、それをおぼえるのも容易ではございません（本名以外はみな天皇がおつけになったもの）。女孺《にょじゅ》と呼ばれる判任女官は三十数人で、やはり士族の出身です。それが、御膳掛《ごぜんがかり》、御《ご》服《ふく》掛、御《お》道具《どうぐ》掛、とわかれており、その他に雑仕《ぞうし》（女雇員）の人、さては女官の使って居る侍女、下女までいれますと、まことに女護ケ島の名にふさわしいものでございました。その当時の女官はつぎのとおりでした。

職名	本名	源氏名	あだ名
女官長典侍《てんじ》	高倉 寿子《かずこ》	新樹《しんじゅ》	
典侍	柳原 愛子《なるこ》	早蕨《さわらび》	ちゃぼ
権典侍《ごんてんじ》	千《ち》種《くさ》 任子《ことこ》	花松	

権典侍　小倉　文子《ふみこ》　緋桜
権典侍　園　祥子《さちこ》　小菊
権典侍　姉小路良子《よしこ》　藤袴
権典侍心得　今園　文子《あやこ》　後の白萩《しらはぎ》　丁稚《でっち》

この人はあまりお気に入らず、自分の都合もあってしばらくで退官しました。

掌《しょう》侍《じ》　小池　道子　柳　くくり猿
権掌侍《ごんしょうじ》　藪《やぶ》　嘉根子《かねこ》　紅葉　お杉
権掌侍　津守　好子《よしこ》　若菜《わかな》　大阪
権掌侍　吉田　鉦子《かたこ》　撫子《なでしこ》　弁天（ほおずき）
権掌侍　粟田口綾子《あやこ》　昼顔　お丸
権掌侍心得　日野西薫子《かおこ》　後の山茶花《さざんか》　にゃん
権掌侍御雇　久世三千子　後の桜木　雀《すずめ》

命《みょう》婦《ぶ》　西《にし》　西子《さいこ》　菅
権命婦　生源寺《しょうげんじ》伊佐雄《さお》　梢
権命婦　平田　三枝《みつえ》　蔦

権命婦　樹下《じゅげ》　定江　松
権命婦　大東登代子　薄《すすき》　青目玉
権命婦　藤島　竹子　竹　うど
権命婦出仕　樹下《じゅげ》　巻子　後の槇《まき》　おかめ
鴨脚《いちよう》　鎮子《しずこ》　後の荻《おぎ》　猿

典侍、権典侍を「すけ」、掌侍、権掌侍を「内侍《ないし》」といい、相手の名を呼ぶ時、自分より上位の人のばあいは源氏名に官名をつけて、「新樹のすけさん」「若菜の内侍さん」などいい、下の人には源氏名だけで、「白萩《しらはぎ》さん」「山茶花さん」といいます。また命婦が、典侍、内侍たちに仲間の名をいう場合は、「菅どんが」、「梢どんが」と話しかけ、判任女官のことは、「阿茶《あちゃ》が」、「呉羽《くれは》が」とか、「文《ふみ》が」「花が」といったあんばいに呼び捨てでした。

判任女官は、私たちとはあまり直接交渉がないので、よく名前もおぼえませんでしたが、ただ御膳掛の長を、阿茶《あちゃ》、次席を茶阿《ちゃあ》といい、御服掛の長を、呉服《くれは》といいました。その他はみな名だけを、「福」とか、「光」とか呼んでいました。

その他に、自宅から御用の時だけ出勤して、お通弁をしていた御用掛に、

権掌侍　　山川操　　仏語
権掌侍　　北島以登子　英語
権掌侍待遇　香川志保子　英語

の三人がありました。今のように専門のデザイナーなどなかったので、フランスから送られて来るカタログによって、この人たちが、皇后宮さまの御洋服の形を考えて、お裁縫所で作らせるのでした。

出勤の時間はごく年輩の人、たとえば、高倉、柳原の両典侍は自由勤となっていましたので、朝もおそく、夕方も午後四時頃にはだいたい局《つぼね》に下っておりましたが、その他は当番によっていろいろになります。朝出勤して局に帰る日と、奥で休む日とがあり、朝一番早く出るのを早番（七時半）、次が中番（八時）、おそ番（十時）といいまして、だいたい一日交代で、奥の陛下のお近くで宿直をすることになっておりましたが、これを「残り」といいならわされておりました。宿直明けは昼ころ局に帰って四時ころまで休息しますので、全員顔を合すことができるのは、午前中か午後四時以後というわけでした。

局の生活

局というのは、宮内省（今の宮内庁）と路一つへだてた北側、すなわち紅葉山のふもとにあって、三列にならんだ官舎のようなもので、勝手はおのおの別の入口（家来の出入する所）の一軒家ですが、主人の通勤する方は長い廊下でずっとつながっていて、これは「おめんどう」と呼ばれていました。一の側は華族出身の典侍、権典侍、掌侍、権掌侍。二の側は奥に近い方が、命婦、権命婦、その先が御膳掛、三の側は御服掛と御道具掛というぐあいにならんで建っていて、その間は高い板塀で仕切られていました。

世話子のある局は特に広い場所で、私のいた柳原典侍の所は、奥は八帖三部屋に全部一間《いっけん》の入側《いるかわ》（畳廊下）があって、その前がおめんどうという板の廊下、そして前庭でした。湯殿、便所も上《かみ》の物と侍女の物と共に二ヵ所ずつで、勝手口に近い侍女の住む部屋も三、四部屋あったようでしたが、階級制度の強かったこの社会では、一しょの家といっても侍女の部屋などは見たこともなく炊事をする下女には会ったこともありませんでした。

局にいる時の女官は、おのおのがその家の主人で、老女一人と針女《しんめ》（侍女）幾人かと下女とを使って、食事や身のまわりの世話いっさいをさせていましたが、その人たちを家来といったのです。

柳原典侍の局には家来が九人いて、その六人分の給金や食費は柳原さんから、あと三人は同じ部屋子だった日野西さんと私とが出しました。家来の服装は普通の日本服で、羽織は用いさせません。お正月などは紋付を着ていましたが、常でも半衿は白ときまっておりました。髪は年輩の者は「丸まげ」、若い者は「高島田」で、皆自分たちでゆい合っていたようです。夏だけは洋髪にしている人もありました。

侍女とはいっても、ともかく宮城内で寝起きするのですから、本人はもとより親兄弟などの思想まで警察で調べて、さしつかえがないとの報告を受けるまでは使われないので、割合に恵まれた家の娘もあったようですが、老女のめんどうな躾けや、外出も思うにまかされぬので、田舎などの自由な環境に育った人にとっては、或いは修道院のような暗い感じがしたかも知れませんが、私たちのように幼い時から何やかと、やかましい躾けを受けて育った者には、別段なんとも思われませんでした。

ただ、ことばだけは上下の差別など大変うるさくて、初めて聞いた人たちは驚いたことでしょう。妹や、姪などを局に入れている人もありましたが、そんな場合もやはり家来なみに使っているだけですから、掻取りなどは着られませんし、供《とも》をして来ても、百間廊下の終る所までより奥には来られないのです。そんなぐあいですから、主人の仕事などは知るはずもなく、したがって世上いろいろと昔の家来たちから聞いたなどと伝えられているお内儀《ないぎ》の秘事などは、ただ想像の小説に過ぎません。「新参舞」などとは始めてききました。私の知っている限りでは、絶対にそんなものはありませんでした。もちろん、大正時代のことは知りませんが。

局に寝ているとき地震があると、さっそく着物を着かえて、かけ足でご機嫌伺いに出勤いたします。

衣服は毎日枕元に全部整えて用意してありますから、こちらは差し出されたものさえ着ればよいのですが、侍女は非常出勤の時のともをするために、交代でいつも誰かがちゃんと帯をしめたままで休んでいたそうで、たいへんだったでしょう。柳原さんの局は廊下から一番近い場所にありましたし、その当時一番若かった私は、いつも一番早く出勤しますので、若い人たちの仲間からは、地震のチャンピオンなどといわれておりました。

ごく年輩の典侍たちは、非常出勤もなかなか困難なので、いつも代理に御機嫌伺いをするように頼まれます。相当長い地震の時でも、百間廊下の途中あたりで大体はやみますが、はあはあと息をきらしながらお上のご前《ぜん》に出て、「地震のためご機嫌伺います。早蕨からもよろしく申し入れます」と、言上すると、日頃は滅多にお返事を遊ばさないお上が、「うん」と仰せられます。ただ、このお一言で苦しい息ぎれも、その甲斐があったように思えます。

もちろん皇后宮様も御休所からお出になっておりました。

女官の仕事

女官長は事務長のようなもので、皇后宮職を通して持って来る相談（主として皇后宮大夫の意見）などを皇后宮様に申し上げたり、公式の行啓や御対面、お陪食などには必ず出席します。また女官全部の監督など、すべてお内儀で行われる事柄についての責任者であって、なかなかの見識も持っていましたが、また重責でもありました。

権典侍は俗のことばでいえばお妾さんで、天皇のお身のまわりのお世話がその仕事、お内儀においでになる時は、交代で一人は始終御側につめていますので、何かのご沙汰（お言いになる）のお取り次ぎもすることになっていました。

やはり宿直も交代で、奥の御寝台のそばに出る人と、一間へだてた次のお部屋で、

姉小路権典侍

内侍と一しょに休む人とになっていましたが、その当時、御寝台のそばで寝《やす》むのは、小倉、園の両権典侍の二人きりでした。

女官は高等官何等という普通の官吏なみに扱われていましたが、権典侍だけは本俸の他にお内儀扱いのお納戸から、お化粧料を戴いて特別の存在でございました。

名は同じ権典侍となっておりましたが、姉小路権典侍（藤袴）だけは、仕事が別で、いわば女官副長とでもいいますか、高倉典侍のさしつかえる時には、事務的の仕事いっさいをやり、行啓のお陪乗や、公式の拝謁等すべてみな、承っておられました。

この人はむかし跡見女学校の舎監などもやったなかなかのしっかり者で、また物知りでもございましたから、忘れた字など、本を出しているより早いと思って、よく聞きにいったものです。

「私を字引とまちがえては困りますよ」

などと言いながらも、すぐ教えてくださいました。

典型的なお局さん

そこへ行くと柳原典侍は、ちょっと中途はんぱな存在でした。

両典侍といって、高倉さんとともに第一位に名をつらねて、なかなかの勢力家ではありましたが、若い時は権典侍でしたし、十三歳の時（着物の都合で表向は十四歳となっていたと、ご本人からききました。十三歳だと袖も長く袴もこき色で、一年きりしか使えないのだそうでございます）英照皇太后宮女官として上られたのですから、いわば御所内で育ったような人で、世間のことは何もわかりませんから、すべては老女「ふき」が一任されておりましたようです。

「ふき」は若い時から長年勤めておりましたので、皇太子様（大正帝）ご誕生の時の有様など、自慢とも愚痴ともつかぬ物語りをよくきかせてくれましたが、

「お産所においでになってからもひどいヒステリーで、手のつけようがなく、侍女たちはもと

柳原典侍

より看護婦さえ皆お暇を取りましたので、幾日か私一人で寝る暇もなくお世話申し上げました。ご誕生もたいへんお重く、殿下は仮死状態でお生れ遊ばしましたが、よくまあお二方様とも、ただ今のようにお元気におなり遊ばして」と、涙ながらに述懐しておりましたものです。それならばこそ、その向のお勤めはお断り申し上げられたのだと推察したほどで、身体も小さく誠にじみな性格で、高倉さんとは何もかも対照的で、典型的なお局さんでした。

明治天皇崩御後は、三位の局（位が三位でしたから）といって、大正帝の方に勤められ、のちに昇進して二位となられてからは二位の局といいました（昭和十八年十月十六日に亡くなられてから、一位に進まれたのです）。

歩きだしたえびの始末

掌侍、権掌侍は、皇后宮様のお身の廻りのお世話、たとえばお化粧、おぐし上げ、御入浴、お召替えなどが主としたご用で、両陛下の御座所、御寝所など室内だけのお掃除、お手許品の出し入れを全部やることになっていました。

命婦の人は原則としてお部屋の内には入れませんし、また直接なにか申し上げることもできない規定でしたので、献上物などもお入側までは命婦が運びますが、ご室内は内侍の扱いで、「何某から献上申し上げます」と、ご披露の言上をするのでございました。

それについて思い出しますのは、ある何かのお祝事の時、方々から次ぎ次ぎと献上物がまいりましたが、まず最初に何宮様からだという大きなひらめと、伊勢海老がおのおの十疋《ぴき》くらいずつ高い台に乗ったのを、命婦がお縁座敷まで運んで来ました。「まだあとがございますから、ご一しょにご披露を願いましょう」といって、申の口へ引返して参りましたので、私一人そばで見ておりますと、高く積み上げた海老がころげ落ちて、がしゃり、がしゃりと音をたてながら歩き始めて、御座所のほうへ入りかけますが、私はこわくて手出しができないのです。ひらめも生きていますので盛んに尾を振りたてて、いつ落ちるかと気が気でなく、遂に「命婦さあん、早く来て」と、大声をあげました。すると皇后宮様が、「まあ何のさわぎ」と仰せになりながらこちらをご覧になっているので、そのきまりの悪いこと、何とも引込みがつかなくて困ってしまいました。いつもはすぐご披露して、その場から持ってさがってもらいますので、こんなめにあったのは初めてでした。

廻りくどい秩序

皇后宮様が方々へ行啓の時は、女官長の他に、交代で各仲間から二、三人はお供申し上げるのですが、お遊びの時はともかくとして、権典侍は公の場所にはいっさい出られないことになっておりました。

賢所《かしこどころ》などの御祭典にも内侍がお供いたしますし、御直拝のないばあいは、御代拝にもまいることになっておりました（ただし、生理日は必ずさけなければならない規定でした）。

また公文書などで、皇后宮様にもご覧に入れる必要のあるものは、天皇のご覧になったしるしの「天覧済」という印が押されて、侍従職から皇后宮職にまわり、内侍の当番が印を押して受け取ります。そして皇后宮様にご覧に入れると、「台覧済」の印を押して職へさげ渡すのです。

ちょっと考えるとお隣りのお部屋や、ご一しょの御座所にもおいでになるのに、たいへん廻りくどいようですが、こうしなければ秩序が保たれないのでしょう。ご覧にいれる書類を読んではいけないという人もありましたが、私は持ち歩きながらよく読みました。一日に幾枚か上りますのに、取扱った当事者がその内容を知らなくては困るのではないかと思いましたので。何かいろいろの種類のものが多勢の人手を経てくるので、なかなか大変なものでございました。献本や、新聞等を差し上げるのも、ご覧後の整理をするのも、内侍の受持でございましたが、内侍の扱ううちで一番心掛りだったのは御装身具で、日常お用いになるものは、お指輪、お腕輪、ブローチ等相当のお品でも、盗難など考えられない御所内のことですから、ただ、蒔絵《まきえ》の文庫（錠もない箱）にたくさん入れてしまっておきましたが、行啓の時お用いになる特別の物や、世襲財産として、代々の皇后宮様にお伝えになるはずのダイヤモンドのたくさん入った御冠や、お首飾など、常には調度掛のお預りなのですが、お正月には度々ご使用になりますので、内侍が一時お預りしておりました。

午前と午後と全部別のものをお用いになりますので、御用済みのものはいちいちダイヤモンドの数を調べて、その日の当番二人が立ち会いで金庫に入れるのです。だから五日の新年宴会も済んで、このお品々を調度掛の手に返すと、何かほっとした気持になったものでした。

地震の場合は命がけ

ともかく皇后宮様のご身辺については、全部内侍がお預りしているようなものなのです。ある日のこと、撫子内侍と合番でご用をしておりますと、

「ああそうそう、あなたにまだお教えしなかったかしら。残り（宿直）の夜地震があったら、さっそく皇后宮様のおそばにいって、あのお枕元のお広蓋《ひろぶた》（みだれ箱）に入れてある、お掻取りを差し上げ、おしとず（白羽二重で指のない足袋）を召されたら（命婦がおはかせする）御所へご機嫌伺いにならしゃる（おいでになる）お供を申し上げるのです」

「それは若菜内侍さまから伺いました」

「では非常持ち出しは」

「まだ伺いません」

「ではね、このお屏風をあけると、ここに大きなトランクがございましょう。この中には日常お用いになるお召物や、お化粧用品がつめてありますから、どちらかへ御立退きになるような非常の時は、忘れず持ってお供申し上げるのです。後は誰かが運ん

でくれるでしょうが、ともかくここからは内侍の手で出すのですから、よくおぼえておいて下さい。もち論その時には、皇后宮様もお助けしておつれ申し上げるのですが、まあ一応持って見て下さい」

「はい」

といったが、なかなか重くて持ち上らない。

「私は皇后宮様をお助けする方に廻して頂きましょうかしら。お華奢《きゃしゃ》ですから、お負い申し上げて逃げます」

「でも、それはなかなか重大事ですよ、御無事におつれできる時はいいけれど、もし万一ということも考えなければ」

「それは必ず命がけでございますもの、もしお助けできなければ私も死ぬ覚悟でございます」

「まあ、そんなにまでつきつめて考えなくとも好いのです。そんな時は皆がかけ付けますからね。だが残りの時（宿直）はその決心だけはしておいて下さい」

「はい承知いたしました」

とはいったものの、今までぼんやり育ってきた私には、なかなかの重責だと思いました。

三ばあさん

命婦、権命婦は、皇后宮職からの通知や、侍医寮、大膳寮、または判任女官等と奥の人（申の口より奥は一段高くなっていて、両陛下の御座所のある場所の続きに詰所もあり、また自分の座文庫などを置くので、典侍から権掌侍までを奥の人と呼んでいました）との間の連絡をするのが主な役目で、その他にお縁座敷（入側）のお掃除、お雨戸のあけたて（雨戸といっても格子戸が両方からしまる）またお食事や、献上物などもお縁座敷までは運ぶことになっておりました。命婦の席は段の下の「申の口」という所にあるので、判任官もここまでは来られますから、連絡には都合がよいわけなのです。

両陛下がご使用になる、筆、墨、紙、その他いろいろのお品と、また女官の公用に使う品も種々保管していて、必要に応じて、御料の物、臣下の物と、何でも申し出せば出してくれることになっておりました。

命婦の上席三人を、三ばあさんといって、この人たちはお納戸金《なんどきん》というものを預り、お内儀だけの特別費用、たとえば参内《さんだい》した人たちに賜わる、茶菓、昼食とか、献上物のお返しとして戴く反物類などといったいろいろの費用にあてておりました。

内侍は両陛下のご用以外は、皇太子両殿下にお茶お菓子くらいを差し上げる程度で、その他は皇族方でもみな命婦がお接待申し上げることになっておりました。

判任女官のうち、御膳掛は大膳寮で調理したお食事を、当番侍医のおしつけ（お毒味）が済むと、男の大膳職員が御膳掛まで運んできたのを、そこから申の口まで持って来て命婦に渡すのが役目で、お食事の終るまで当番の人々は申の口にならんですわっておりました。また下る時も内侍から受け取った命婦が、申の口で御膳掛に渡し、大膳職員が受けとるまでは、御膳掛の手で運ぶことになっていたのです。

昭憲皇太后御使用の硯

御服掛とお裁縫所

御服掛は、白羽二重のお召、お寝具などをお仕立するのが仕事で、お装束やお袿袴以外は皆、ここで縫っておりました。

御料の物をお仕立するときは、針に糸を通すのもなめてはいけませんので、なかなかやりにくかったことでしょう。またその他には、典侍たちが表向きに出す手紙を、ここで代筆する規定になっておりましたので、この掛に入る人は、裁縫の手筋や、習字の試験なども、なかなかむずかしいようにきいておりました。

その手紙というのは、奉書を二つ折にしたものに、お家流でお局さん独特のややっこしい文句を書くので、定めし骨の折れることでございましたでしょう。

お洋服は別にお裁縫所というのがあって、そこで専任の玄人がお仕立をしていて、皇后宮様のお寸法は、外国語のお通弁をしている高等女官の人々が、また女官の物は裁縫所にいる女の係員が寸法をとることになっておりまして、全部御所内で縫っておりました。

何かの本に書いてあったように、男の裁縫師が寸法をとったり、仮縫を着せたりすることは、私の知っている時代にはありませんでした。

「火の元、火の元」

御道具掛は、雪洞《ぼんぼり》や、ランプのホヤ（蠟燭《ろうそく》をつける燭台にかけるかさ）の手入れ、

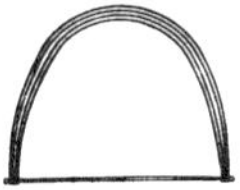
1．たたんだ蚊帳

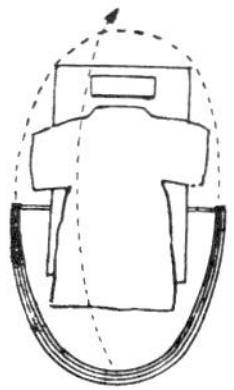
2．床をしいた時

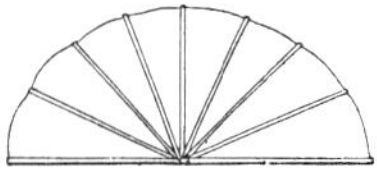
3．横から見た形

御火鉢や何かと一般の大きな調度品の整理をする役で、宿直の女官の寝具の世話などもしてくれました。

女官の残り（宿直）の時の寝具は、敷布団、掛布団とも白羽二重で、紅梅色（桃の花より濃い色）の羽二重の大風呂敷に包んで、各自の名前が一見してわかるほど大きく書いてつけてあります。宿直をする人全部の物を御道具掛が預っていて、その日その日の当番札にあわせて運んでくれました。

夏には、母衣《ほろ》蚊帳《がや》を一人ずつが使用しますから、一しょに中の口の下まで持って来ました。

母衣蚊帳とは、竹の骨で扇のかなめのように両方が止めてあるのを、丈夫な真田《さなだ》紐《ひも》で弓のような形にまげて、麻の蚊帳の布をかけたものです。両方を引張っている弓のつるに当る部分を、敷布団の下に敷いて、床に入ってから足元の先にある竹の骨を一本持って、からだを横になりながら手を頭の上にあげますと、一人で蚊帳の内に入れるのです。

これならば、どんな場所にでも持ち運びができて、たいへんん便利ですが、あまりお行儀が悪いとたためてしまいます。

判任女官は毎日交代で、各仲間から一人ずつ計三人が寝ずの番をして、方々を見廻り、各自の局までも「火の元、火の元」と、大声でさけびながらいちいち入ってきます。侍女たちも「ご苦労さまでございます」と、挨拶して送り出すのですが、これがだいたい午前一時から二時頃の間で、寒い夜などはずいぶん苦労であったことと気の毒に思いました。

局では夜九時になると、火を全部消すことになっていましたので、厳寒の夜などは布団に入ってからさえ、寒くてなかなか寝つかれませんほどでした。もっとも年輩の人たちは、局では湯たんぽを入れたようですけれど。

その他に侍従職出仕（昔はお稚子さん）といって、十歳から十五歳までの少年が、毎日三人ずつ一日交代で、計六人が勤めておりました（一日おきに学習院に行く）。これはもちろん侍従職の所属でございますが、お内儀からお表に行く境目に席があって、お表に出御中はそちらへ御璽《ぎょじ》を持っておとも申し上げ、入御《じゅぎょ》（お内儀へお帰り）の後、お表からの書類の連絡などは、この人たちがすることになっておりました。

特に重大で、宮内大臣や、侍従長が、直接申し上げねばならぬ事柄は、その由を願い出てから言上にくることになっておりました。

日露戦争中はたびたび言上にきましたそうですが、私が出てからは、朝鮮で伊藤〔博文〕公が殺された時ばかりであったと〔実際に伊藤が暗殺されたのは中国のハルピン〕、記憶しています。

明治天皇と昭憲皇太后

苦労人だった陛下

一言にしていえば、沈着、豪胆とでも申し上げるのでございましょうか、滅多なことにはお驚きにならない、しかしまた一面細心で、どうしてそこまでご存じなのかと思うほど、よくお気のつくこともございました。

昔のことで直接に知っているわけではございませんが、明治天皇の御父君、孝明天皇崩御の時の御病気は、いろいろ世間の噂になっておりましたとか。そんなためでございましょうが、明治天皇御幼少の頃は、御生母中山の局が自らの手で調理したお食事を、局で差し上げ、御野菜などすら、出所のわからない品はお食膳に上げなかったとか。

私の祖父などは、自邸で作らせた野菜を蒔絵《まきえ》の手箱におさめ、中山さんのお局まで始終おとどけ申し上げましたそうです。

そのうちでも、さやえんどうが殊のほか思召に入って、

「久世《くぜ》のお豆はまだ持って来ないか」

と、よく仰せられたと、これは私が父からきかせられたお話でございます。

一天万乗の君となられた明治天皇も、御幼少時分はずいぶんご苦労を遊ばされ、また中山の局も実にきびしいおしつけを申し上げましたそうです。

御成婚後数年、皇后宮様にお子様がお出来にならないので、権典侍をお召しになることになった時も、

「天皇様だといって御自分の御勝手ばかり遊ばしてはいけません。こういうことは本人も得心の上、これとお定めになった人以外に召されることは断じてございませんように」

と、くれぐれも御忠告申し上げたと承りました。

明治天皇（御成婚式に撮影）

こんな局の御躾《しつ》けが、あのそこ深いお人柄や、誰にも思いやりのある細かい御心づかいとなったのではないかと存じま

す。

御母宮英照皇太后御在世中は、中山二位の局（なくなられる一年ほど前に一位となった）が、御機嫌伺いに参内したことを言上しても、

「うん」

と仰せられたきり滅多に拝謁を許されないので、やはりお年を召されても、いろいろと御忠告申し上げる二位さんは、にがてでおいで遊ばすのだろうくらいに、他の女官は考えておりましたそうです。ところが、英照様崩御の後には、いつも拝謁を許されるので、あれは母宮に対する細かい御心遣いでおありになったのだと、後になってから心づきましたと誰かにきかされました。

一度側近者として出た人は、失敗のない限り何とか終生仕えられるように御心遣いしていただいたり、本人の希望で途中から別の道に進む場合は、それもできるように御心遣いをして戴くので、皆安心してお仕え申し上げました。

今の陛下〔昭和天皇〕が、皇太子でおいでの時分、東宮武官として奉仕していた壬生《みぶ》〔基義《もとよし》〕氏（伯爵）なども、小さい時明治天皇の出仕として仕えておりました。

ある日、

「大きくなったら何になる」

との御下問に、

「はい、軍人になりたいと存じます」

とお答え申し上げました。その時は、

「そうか」

と、仰せられたきりでしたそうですが、後に時の侍従武官長だった岡沢〔精《くわし》〕氏に、

「壬生は軍人になりたいといっておるが、出仕をしていて勉強もできにくかったかも知れぬ。試験の受けられるよう、誰かに面倒を見させてやれ」

と、仰せられましたそうです。後になってそのお話を知った壬生氏は、非常に感激して、

「この陛下の御ためなら、一生をかけてもと、思った」

とある人に話したそうです。

この壬生氏は東宮武官時代に供奉《ぐぶ》で沼津の附属邸にきており、その当時御用邸にご滞在中の大宮様へ御機嫌伺いに出るたびごとに、面白い世間話を申し上げては、皆と一しょに笑いくずれたものです。その呑気屋の壬生さんすら、お上の御心遣いにはそんなにも感激したのでした。

侯爵令息の自動車運転手

　また、私の出た時分は主馬寮《しゆめりよう》御用掛になっていた大炊御門《おおいのみかど》〔家信《いえのぶ》〕氏も、出仕時代から長く仕え、大変思召に入っておりました。馬も上手ですが、とかく気の荒いといわれた主馬寮の人々さえ、この人には敬服して全員がしたっておりましたそうです。

　この人柄をご承知のお上は、

「ゆくゆくは、主馬頭《しゆめのかみ》になれるよう何かと便宜をはかって、取りたててやれ」

と、藤波〔言忠《ことただ》〕主馬頭に御内談があり、本人たちも俺のせがれが、親父がと、親しみあっていたのですが、まだ実現しないうちに、お上は崩御。

　新帝付の侍従になったこの人は、とかく自分の気に入らぬことばかり多くて、うつうつとしていたらしく、そのうさ晴しに大酒にひたるようになりました。

　ある時、

「僕が失業したら馭者《ぎよしや》か、自動車の運転手でもやろうかな。勉強しなかった罰で、世間には通用しない人間だからね」

と、もらしましたので、私は、

「それは素適ですわ。侯爵令息の運転手現わる、なんて新聞種に面白いでしょう」

「冗談じゃないよ、本気なのですよ」と彼。

明治天皇の出仕として勤めておりました私の弟が、いろいろのかたに下宿をお願いしましたのですが、どうも何か都合が悪く困っておりました。東京在住の親戚は皆あまりにも大家《たいけ》すぎまして親しみにくく、かねてから御心安く願ったのと、また一面たいへん子供好きなのをさいわいに、この大炊御門邸に御世話になっておりました。

それは私が結婚してからのことですが、大炊さんが重態だから一度見舞に来てほしいという弟からの便りに、おどろいて本邸にかけつけました。大炊さんは本邸のすぐ近くにある別邸で発病し、もはや動かすこともできないのでそのまま安静にしておられるそうで、今は面会もできないとのことでございました。しかしせっかくここまで来たのですから、せめて夫人にでもと思って別宅の方にまいりました。

「外ならぬ人のことだから、ちょっとお目にかかりたいと本人が申します」と、夫人の言葉。もはや覚悟をきめている夫人も、私の弟もぜひ会ってくれといいますので、病室に案内されました。

白羽二重の着物に、同じ白羽二重の夜具類。一見してそれとわかる明治天皇の御使用になったものです（明治天皇のお召しになった物を、仕たてなおさずにそのまま着られるのは、この人だけだと聞きましたほど大きな人です）。

　私が部屋に入るなり、

「長々お世話になりました。弟さんにも感謝しきれぬほど今度はお世話になって有難う。このお夜具に横たわって死んで行けるのは幸いです」

「あら、そんなお考えはいけません。ご大切になすって今一度お立ち上りにならなければ」

「あなたまでも、僕の心がわかって下さいませんか、寂しいな。自ら招いたこの病気ですが、もう、すぐ死ねることを願っています」

「どこかお苦しくはございませんか」

「からだの苦しさは、心の苦しさより我慢しやすいものです」

「ああ、今さらもう何も申し上げますまい。さようなら」

「有難う、お目にかかれてよかった。さようなら、ご幸福に」

　再び振り返って見る勇気もない私は、後の容態を気にしながら家路につきましたが、二日後ついに亡くなられました。

　お慕い申し上げていた明治天皇の御俤《おもかげ》を心にいだいて、若くしていったあの人は、自分としては幸福だったのかも知れません。

紛失した懐中時計

これはまだ私の知らない時代の話でございますが、やはりある出仕がふとした出来心からか、御愛用の懐中時計をそっと家に持って帰りました。これは毎日お手入れに出しますので、大きな台の上にいくつか積み重なっていましたから、一個くらいなくなっても誰も気付かないのです。その時計を見た出仕の父親（某子爵）は、どうして戴いたのかわけをききますと、何かのご褒美に戴いたという答えでした。しかし唯ちょっとご褒美に戴くようなお品ではないので、さっそく侍従職に出てその話をいたし、善後策を伺いました。

ともかくお手元品とあっては、侍従だけの計らいにはできず、そのことを言上しますと、陛下はすでにご承知のことだったらしく、

「ああ、おやじが出たか。子供はただ珍らしいのでふと手をかけたのだろうから、深くとがめるなよ。ほしいと思ったその時計はやるが、他の子供もいることだから、将来に疵のつかぬ方法で退職をさせろ」

と、仰せられたとか承りました。

また後に私の姑となりました山川操が、日露戦争当時、多勢の傷病兵を広島病院に御見舞のお使いとして参りました時なども、観桜会だったかの席上特に、

「操をよべ」

とのお言葉に、何ごとかと皆一瞬はっとしたそうです。それは御用掛として外国人（フランス人）に御対面の時だけにしか出ない、いわば門外漢の人間だったからなのですが、

「両陛下のお使いとして、広島病院へ見舞に行け」

と、直接のご沙汰でした。

「本当にあの時ほど感激したことはない」と、後々までも話しておりました。これなどもあの当時、特志看護婦となって一生懸命に働いておりました姑のことでもご存じであったのか、或いは彼女を一番適当な人間とおみとめ下さいましたのかもしれません。他の御用掛には香川志保子（皇后宮大夫の娘）さんもおりますし、他にも人はたくさんございましたが、直接のご沙汰とあれば、誰も左右することはできませんのでした。

ずっと昔のお若い頃のことですが、御陪食の途中、「おい操、伊藤（博文）にしゃくをしてやれ」との御言葉に、女官にそんな仕事をと、いささか憤慨したことのある

母も、やはりあれはお酒の上でのふとした御たわむれであったと、悟ったとか申しておりました。

広島時代の陛下

日清戦争の時は、大本営が広島に移されて、長い長い御滞在なので、側近者もいろいろと、たいへんな骨折りだったらしうございます。

侍従その他の人々は、何かと理由をつけて交代しますが、陛下はただお一かたで、そうはまいりません。朝から晩まで男ばかりの世帯が続いて、誰も彼もおいおい気が荒くなります。

まだお若い陛下のことですから、一度皇后宮様にもお出を願うことになりました。この時のお話なども世間ではずいぶん変な風に伝えられているらしく、去年〔昭和三十四年〕五月の「婦人公論」に、ある作家などは、皇后宮様の御訪問前から権典侍がお側にいたというように書いてありましたが、たとえ性的にそんな要求がおありになろうとも、あの時代そんなことは許されないのでした。

元来、権典侍となった人は蔭の人なので、お遊びの時以外には皇后宮様の行啓のおともはできないことになっておりましたのを、皇后宮様が特別の御計らいで、権典侍におともをするようにと仰せられたのだそうです。

今の世の一般の人は、性的に交渉のない男女は、気分的にも夫婦であり得ないと考えがちですが、そのような冷たさは少しもなくて、皇后宮の座は立派に守られ、またお上も何かといとしまれておりました。皇后宮様も万事におさっし深く、そのお美しい御様子は、まだ若くてそんなことに無関心だった私にも感じられ、実によき御主人様に仕えたものだと、今でも存じております。

陛下に叱られた思い出

私の奉職中ただ一度だけ叱られたことがございました。私個人にではありませんが、内侍へのお小言なのでございます。それは夏の夕刻のことでした。すさまじい勢いに降りしきる夕立を、私は詰所で眺めておりますと、すぐ今まで両脇にならんでいた先輩二人が、まるで言い合せでもしたように、「ぱっ」と立ち上るとすぐお杉戸の外に姿をかくしました。しかし何のことやら知らぬ私は、ただぼんやりすわっており、他には障子屛風のかこった中で、柳内侍がお歌のお写しをしているのと二人だけになりました。

するとすぐ、力強い衣ずれの音がしてお上が、詰所のそばまでおいでになりました。そんなことは滅多にないので、私には初めての経験でした。私はただ低く頭を下げておりますと、

するとすぐ、

「おい、内侍は皆つんぼか、柳は何をしている。頭《かしら》の躾が悪いから、こんな小僧一人にして」

と、御立腹の御様子ですが、私はただおじぎをしているばかりで、何のことやらさっぱりわかりません。

おうしろからかけておいでになった皇后宮様が、何かとおとりなしくださいまして、お上も御座所にお帰りになりました。

やっと顔を上げますと、逃げ出した人たちは詰所に帰って来ておりました。

後になってその事情を伺いますと、二、三回もお召しになったのに誰もききつけなかったのが、直接の原因でございましたそうですが、御前《ごぜん》にいる権典侍がちょっと足をはこんでくれさえすればと、うらめしいようにも思いました。しかしそればかりではなく、何か日頃から柳内侍について思召に入らぬふしが、あったらしいと承りました。

大ていのことには誠に御寛大なお上でございましたので、初めてあんなご様子を拝し、本当にどうなることかと驚いてしまったのでございます。

だが、この陛下を、お驚かせした事件は、伊藤公がハルピン駅頭で撃たれたとの突然の上奏でございました。さすがのお上も、

「ううん、伊藤が殺されたか」

と、ただお一言、深いため息をおつきになりました。そして数日後のお食事中、

「日本につれてこられてから、ただ一人爺や爺やと伊藤ばかりをたよりにしていた朝鮮の坊っちゃんは、さぞ心細いだろう。可哀想にね、いわば人質だから、この間東宮さん（大正天皇）が来た時、これから仲よくして可愛がってあげなさいと、言っておいたけれど」

と、おいたわりのお言葉をおもらしになりました。

その時分皇太子（大正帝）さまはお三十歳で、皇孫もお三方お生れになっておりました。

お供と一しょに蔵の中へ

元来、たいへんに磊落《らいらく》なご気性なので、御夕食の時などよく、いろいろとご幼少の頃の思出話など遊ばされたものです。

お上の御幼少の時分は、明治維新前後のあの混乱時代のことでございましたから、ご生母中山一位の局が、自分でお育て申し上げたのは誰も知る通りですが、男勝りとまでいわれた局は、何事もよほどやかましく申し上げたようです。しかしまた何から何まで細心の注意を持って、お世話申し上げておられましたとか。

お上もおちいさかった頃は、なかなかのやんちゃで随分おいたを遊ばされたようです。

後日主馬頭をしていた藤波子は、小さい時からお相手として始終お側にお付き申し上げていたので、後日までも、男子禁制のお内儀にさえ自由に出入りを許されていまして、あまりお気に入らぬようなことでも、遠慮なく申し上げたり、物語りなどに聞く大久保彦左衛門のような存在でございました。

陛下がすこしお風邪気味のある日、つかつかとご前《ぜん》に出た藤波子が、

「お上だって生きている人間ですぜ。御病気の時に医者のいうことをお聞きにならなきゃ駄目です。なあお上、なあお上」

と、お返事のあるまでくり返しているので、さすがの陛下も、「うん」と仰せになり

ましたが、藤波子が退出してから、

「あれはうるさい親父だが、わしが子供の時いたずらしてよくお蔵に入れられたのだ。その時さすがの一位もわし一人を入れて置くわけにも行かず、いつもあれがお供でいっしょに入れられたのだからね」

と、御述懐になったこともございます。また、

「習字は嫌いで仕方がないのだけれど、これだけ遊ばさない内はお食事は差し上げませんと、一位がそばに見張っているので、早く食事はほしいし書くのはいやなので、一位がちょっとでも向こうを見たすきに、大急ぎで墨をぬって、どんどんまくってしまった。あの時分は真黒の草紙だったので、かえって都合がよかったよ」

などと大声でお笑いになったり、本当に人間味あふれるばかりの、好いおじい様であられましたが、自然に備わるご威厳というのか、近くでお言葉を伺いながらも、おのずと頭が下りました。

おむつまじかった皇后宮との御仲

毎日十時半には必ず表御座所に出御、政務をご覧遊ばすとか、内外人の拝謁とかで

お忙しく、それも日本の各省大臣とか、侍従長、武官長など、うちうちの人の場合は、御学問所の平素のお机のままですが、外国使臣、帰国武官、または外国帰りの高官などの時は、鳳凰の間までおいでになるなどといった規定で、なかなかおうるさい時もあったと思われます。しかし、零時半には必ず入御《じゅぎょ》になりまして、それからお昼のお食事というぐあいに、誠に規則正しい御生活でございました。

お内儀においでの時でも、御座所（お居間）、お小座敷（書斎）、食堂、御格子《みこし》の間（寝室）より他においでになったことは、一度も拝見したことがございません。

小説というものは、作家の創作ですから、何をいってもさしつかえはないのでしょう。だから私などの知らない何とかの内侍が、誰と何をしようとも、文句をいう筋合いではありませんが、ある本に、局の廊下に紫の紐があって鈴がついているとやら、私は一度も見たことがありませんでした。おそらく非常の時に消防に知らせる、半鐘のことではないかとも思いますが、まして明治天皇が誰かの局へなど、おいでになったな

御学問所

どとは、誰が何といおうとも、絶対に嘘だといいきります。

他の天皇のことは知りませんが。

もっとも、前にも申しましたように皇后宮様にお子様がお出来にならなかったので、権典侍はいましたが、皇后宮様に対しての御愛情は深く、何かとお心使いを遊ばされ、ちょっとお風邪気味で、皇后宮様が御所においでにならないと、すぐお見舞のお使（権典侍）が来るという有様でした。

権典侍は、いつも御座所のお縁座敷に一人は詰めておりますが、御用の時以外、滅多にお口さえおききになりませんでした。

皇后宮様は一度肺炎を遊ばされましたので、冬になると侍医が御心配申し上げてご避寒を願うので、暖かい海岸においでになりました。

御健康のためというのでお許しにはなりますが、やはり何となくお寂しいのか、このお留守中はとかくお上のご機嫌がよくないので、側近者は皆困りました。

「皇后宮さんが弱いから、わしより早く死なれてはたいへんだ。一日でもよいから後に残ってもらわなければね。先に死なれては皆がわしを一人にして置てはくれまいし、今時気に入るような女はないよ。だから体を大事にしてもらうために、海岸にも行かせるのだ」

と、仰せになっていました。これを伺っても、ご愛情の深さがしのばれます。

陛下でもお笑いになるか

当時御用邸や、離宮は方々の土地にございましたが、明治天皇はただの一回も御避暑、御避寒など遊ばさず、公のお仕事以外に外へお出ましになったのは、前田〔利《とし》為《なり》〕侯邸で能楽をご覧に入れた時だけだと記憶しております。

お慰みといっても、レコードによって琵琶歌をおききになるくらいのもので、今のように、ラジオや、テレビなどができていたならば、どんなにご満足であったかと残念に存じます。

しかしこと一度、御政務上となると、なかなかおやかましく、また誠に強情で、お気に入らぬことはあくまでお許しがなく、御得心の行くまでご下問（おききになる）になるので、幾度か上奏しても、ご裁可がなくて困ったこともあると耳にしました。

ある時、拝謁に出た高官が、「陛下もお笑いになることがありますか」と、おそばの侍従に聞いたとかいいますが、用件を言上しているうちは、いくら長くなっても、たとえ思召に入らない事柄でも、すこしの身じろぎも遊ばさず、泰然自若としておききになっている、その人間離れしたような立派な御態度に威圧されて、時にはそんな風に考える人があったのかも知れません。

明治天皇は世間にも知られているように、軍隊の事は非常にご熱心で、大演習などもよく御統監遊ばしましたが、どんなにお気に入りの将軍たちでも、故なくあまやかすというようなことは絶対遊ばさないので、いくらご信任が厚くてたびたび拝謁した人でも、こわくてとても我ままなどはできなかったそうです。

もしもこのお上が、もっともっと長く御在世であったならば、我国もこんなみじめな姿には、なっていなかったのではないでしょうか。お年を思えば、如何に考えても仕方がないのですが、かえすがえすも残念に思われます。

外国人との交際はにが手

ご体格も立派であったし、落つきはらって堂々としたお態度は、外国使臣などからも尊敬されておいでになりました。

日露戦争後、英国皇帝のお使として来られたコンノート殿下すら、ガーター勲章を贈られる時、あまり近くでお顔を見て思わず手がふるえたか、その針を手におさしに

なったなどとは有名なお話ですけれど、外人とのご交際はあまりお好みにはならないようで、

「秋の観菊会は大演習の留守中に、皇后宮さんだけですましてもらうよ」

などと、仰せになっておりました。

明治四十四年の秋は、福岡県下で大演習が行われましたが、そこからお帰りになったある日のお食事中、

「わしは京都で生れたから、あの静かさが好きだ。死んでからも京都に行くことにきめたよ。今日、徳大寺〔実則《さねつね》〕（当時侍従長）を呼んでその話をはじめたら、そんなお話はまあまあなどとなかなか聞かなかったけれど、人間どうせ誰でも一度は死ぬものだ。あの皇太子ではあぶないから、何もかもわしが定めておくのだと、無理やりにきかせたが、大演習の帰りに汽車の窓から眺めたら、御陵にはちょうどいい場所が京都にあって、すこし離れて小さめの山と二つならんでいる。小さい方は皇后宮さんが入るのだよ」

と、お話になっているのを御配膳しながら承りました。それが即ち桃山両御陵でございます。

「今は何でも外国使臣が出て来るが、東京の式だけは仕方がないとしても、それが済

んだら後は日本人ばかり、ことにわしの事をよく考えてくれた人を主として、京都で昔風の葬儀をするのだ。もし外人が送るといっても、名古屋から帰ってもらうんだよ」

などと、こまごまの物語を遊ばしました。何につけても、どうしてまあ何もかも、細大もらさず御承知かと、恐しいような時もありましたが、事実は誠に暖かい深い愛情の持主であられ、これを書きながらも、お懐しい思い出の数々が次ぎつぎと浮んでまいります。

皇后宮は「天狗さん」

また、なかなかお茶目さんのところもおありになって皇后宮様の「天狗さん」を始めとして、女官にいちいちあだ名をおつけになりましたのも、そのあらわれで面白うございます。どれも皆ユーモアと機智に富んでおりますが、小さい体を二ツ折にして、ちょこちょこと歩いていた柳内侍（小池道子）の「くり猿」などは第一の傑作で、今でも私の目前に浮んで来るようでございます。女官中で一番の美貌の持主だった、撫子《なでしこ》内侍（吉田鈺子《かたこ》）を「弁天」、またの名を「ほおずき」ともおつけになりました。これは生一本な性格で、お上の仰せでも得心のできぬ内は「それはどういうわけでございますか」とばかり、かんかんに怒って真っ赤になるところから。

山茶花内侍（日野西薫子《かおこ》）の「にゃん」は、もののいい方が甘えたようで猫を思わせるところから。白萩権典侍（今園文子《あやこ》）の「丁稚」などに至っては、どうしてそんな言葉をご存じかと不思議に思いました。私の「雀」は、無口がお気に入ったというのですから、世話親の早蕨典侍より世話子の私の方が大きいので、雀は子供の方が大きく見えるところからでございましょうか。命婦の人にも、「青目玉」、それは目が少しくぼんでいてぎろりとしていた人、「うど」は色白の大柄ですが、ちょっと人のよすぎるような感じがあったからでしょう。

吉田内侍

人形のお使い

皇后宮様は、一条忠香《ただか》公の姫君で、その姉上は徳川慶喜（十五代将軍）の室でございました。

御身体は小作りで、誠にお華奢でございまし

昭憲皇太后

たが、これというご病気も遊ばさず、面長の白いお顔に、張りのいいお目、きりっと締ったお口元、お鼻はすこし高すぎますが、何と非の打ちどころもないお綺麗な方でございました。もうお年を召されておりましたが、お化粧がお済みになった時などは、始終お側にいてさえ、「まあ、なんとお美しい」と、見とれたものでございます。

毎年冬だけは侍医のすすめで、海岸においでになりましたが、お転地先からはお使を以て、いろいろとその土地の珍らしいお菓子とか、産物をお上にご献上になります。

もとより、両陛下とも他所でできたものは、いっさい召上らないのですが、生物《なまもの》のお魚や、お野菜（農事試験所や御用邸で作った、清浄なもの）など、大膳で調理できるものはお食膳に差し上げ、またお菓子などの製品は、ご沙汰によって女官が戴きますが、これもお慰みの一つなので、ご覧になれる場所へ皆が集ってきて、お茶などを入れる招待役は、お上のご指名できまりました。

お上の方からも始終お使が出ました。ある時などは、御自分でお見立のお人形をお使として、名前までお付けになり、お手箱の内には、帛紗《ふくさ》半衿などの小もの、小裂《こぎれ》などをお入れになって、皇后宮様のお慰めにとお贈りになりました。後にこの人形の内の「鶴子さん」というのを皇后宮様から私が戴いて、可愛がっていたことがございます。

いつのお転地中も、一週間に一度は必ずご両方からお使いが出るので、どちら様でもそのお便りをお待ち兼ねのようでございました。両陛下とも、こんなにもお優しいお心の持主であられたのです。

皇后宮の御性格

大勢いる女官たちにも、すこしのわけへだてもなく、いつもほおえんでおいでになって、お言葉はすくなく、こちらから伺わなければ、あれこれとあまりお指図は遊ばしませんが、女官たちの気性も皆よくご存じのようでございました。

私が出仕した時は、藪権掌侍が大手術後の転地療養で長い欠勤、小池掌侍も肺炎とやらで、たいへん手不足の時でございましたので、先輩たちからゆっくり指導を受ける暇もなく、まだお品物の名さえしかとわからぬながらに、一本立のような形にさせられて、まごまごしておりました。すると誰もいない時に、

「わからぬことがあったら、他に人のいない時なら何でも教えてあげるよ」

との、おやさしいお言葉を戴きました。また教えてもらっても、その人によってやることが多少違いますので、

「若菜からはこうおそわり、撫子からはこう習いましたが」

と、伺うと、

「人によってはすこしやり方が違うけれど、私（皇后宮様）に対して悪いようにと思う人はない、皆これがよいと思いながらしているのですから、黙っています。しかし都合をきいてくれるのなら、こちらの方が私は好きなのだ」

と、おっしゃるといったあんばいで、ちっとも、無駄口は仰せられません。どちらかといえば冷静で、学者肌のようにお見受け申し上げました。

　ある日お化粧のお手伝いをしておりました私が、お側に一人きりになりますと、皇后宮様が仰せられました。

「昨日、御対面に出たたくさんの門跡《もんせき》の内に、三時知恩寺《さんじちおんじ》門跡久世成章という人があった。あれは三千子の叔母で、昔若菜といっしょにお目見得に出た人でしょう」

「はい、さようでございます」

「いつまでも若くてきれいね、だけどずいぶん小さい」

「はい、私の出ました時も、歌をなおしたり、こうだ、ああだと申しまして、いろいろ心配してくれておりました」

「あの人は歌も上手だし、字も立派だったが、如何にもからだが小さいので、ご縁《えん》がなかったのね」

「私から申し上げてはおかしうございますが、何も芸のない私と違って、大ていなことはいたしました。琴も師の『らく』がほめてくれましたとか」

「まあ、やはりあの『らく』に習っていたの。じゃあ、『らく』も長生きしましたね」

「では、一条様のお姫様《ひいさま》にお稽古《けいこ》申し上げたと承りましたのは、皇后宮様の御ことで」

「ええ、そう」

と、おなつかしそうな御面ざし、

「それで叔母はあれからすぐ尼に」

「いいえ、さる大名の次男に嫁ぎまして、子供も二人おりましたが、何ともたえきれぬ事情がございまして、一人で帰ってまいり、それから尼になりました」

「まあ、気の毒な」

「資格をとりますまでは、苦労をいたしましたそうですが、ただ今はもう幸福だなどと申しておりました」

「久世は代々書の家だからか、おじい（私の祖父）はたいへん立派な字を書く人だったが、この間の詠進《えいしん》を見たら、おでい（父のこと）はあまり上手でないようね」

「私、祖父の顔は存じませんが、書きました手本は二、三持っております」

「昔風の本当のお家流だが、見事なものね」

いろいろとお心安くお話しいただきます。この陛下からいつもこのように、お親しくお話が承れるなら、どんなに楽しいことでございましたでしょう。

和歌のお上手なことは誰も知る通りで、一日に幾首となくお詠みになります。またご記憶のいいことも驚くばかりで、滅多においでにならない書庫のご本でも、幾段目の右から何番目にあるから、持って来て欲しいなどとおっしゃるし、日本歴史などは、殆んど暗記しておいでになったようです。

お琴の名手でもあられましたが、御自分だけのお遊びは、一切おさけになりましたので、伺うことはできませんでした。

誰かが或る雑誌に書いていたように、ただただ無感情でおいでになるのではなく、この大世帯の円満のために、苦しくとも無理に、そのように装っておいでになるのだろうと存じました。

　話は明治天皇崩御の時のことでございます。女官全部が一人一人、皇后宮様に御挨拶申し上げました時は、「本当に恐れ入った御事で」と、はっきりお答えになって、あまりお涙さえお見せになりませんので、私は何か不思議なような気が致しました。そして数時間後、お召替えのために御休所（ご自分のお部屋）へお供いたしました時、

「私の悲しいのは誰よりも一番でしょう。しかし私が泣きくずれていては、後のことがどうなると思いますか」

と、仰せになって、ハンカチーフをお顔にお当てになりました。

　それを拝見して私は何とお答えの仕方もなく、ただ深く頭を下げておりました。

　この陛下はご幼少の頃からの御内定で、特別のご教育をお受けになり、お年も若くて初めから皇后宮

明治天皇、昭憲皇太后両陛下御歌集
（大正天皇より著者に下賜）
扇子は明治天皇御使用のもの

様に（たいていは皇太子妃か准后《じゆごう》から皇后宮になられる）おなりになりましたので、御責任も重く、すべてにひかえ目がちのご性質も手伝って、何事もお言葉として出るまでは、ずいぶんよくお考えになるご様子でございました。

あの多数の女官を、円満にお使いになるだけでも、なかなかたいへんなお仕事で、御苦労のほどもさこそと存じ上げました。ともかくうまく治まっていたこと、病気以外で途中退官した者は一人もなかったのを見てもわかります。

世間の人たちが思うように、権典侍とのあらそいなどとは、夢にも考えられない誠に愚かしいことなのです。

あのご聡明な皇后宮様に、お世嗣の皇子がお生れにならなかったことは、かえすがえすも残念なことで、根も葉もない私の空想が許されるならば、もし皇太子様でもおよろこびになっていたら、あるいはそのために日本の歴史の一部に変更がなどと、果《は》無《か》《な》い夢もふと浮んでまいります。

昔は男系ということのみにとらわれて、腹は借りものなどと、母性をあまりにも軽く見ていたのではないでしょうか。

両陛下の御日常

「おひーる」に始まる

お上のおひる（お目ざめ）は平日は、午前八時でございました。御寝室に宿直した権典侍の「おひーる」というかん高い一声から、皆の活動が始まるのです。「おひーる」のふれが、内侍から申の口へ伝わると、侍医頭と当番侍医を、命婦のおばあさんが、御格子の間（ご寝室）の入口まで案内して来ます。

拝診が終って侍医が退出すると、隣室に宿直した権典侍と権掌侍の手によって、朝のご洗面のお湯などが御格子の間に運ばれ、ご洗顔の後あついしぼりタオルで上半身をおふきになります。白羽二重のお召物に白縮緬のおみ帯のまま、お食堂へ。

ここはその以前に、ご室内は内侍の手で、お入側は命婦がお掃除をすませているのです。

その外のお縁側（一段低い）は仕人（男の雇員）が、お庭は仕人に連れられた人夫たちによって、毎日七時までに掃き清められます。

やがて御朝食が始まると、一の膳、二の膳と、前日御覧に入れたお献立通りの品々も並べられますが、いつも牛乳入のコーヒーとパンで、軽いお食事をお取りになります。お食後には、翌日の「おかんばん」(献立表)をご覧に入れることになっておりました。もしお好みのお品がある時には、その時伺って伝えるわけなのですが、特にお指図がなくとも、日頃お好きなものを差し上げておりましたから、滅多にお好みは出されませんでした。

その後しばらく御座所で、お好きな刀剣類などを眺めておくつろぎになります。また時計を殊の外愛《め》でておいでになりましたので、置時計、柱時計、懐中時計などと、形や音のさまざまの物を集めて、お楽しそうにご覧になってもおりました。

お好きだというので方々から献上したものや、またお買上げ品もあったと思っております。

お小座敷(お書斎)には、お手元に上ったままになっている書類や、上奏袋を裏返してお書きになった御製《ぎょせい》、その他種々のご本など、うずたかく積んでございましたが、いつもお一人で何かごそごそと出し入れして、お調べになっておりました。

たくさんのお時計は、毎日お手入れに出しますので、当番の内侍がお小座敷へ取りにまいりますと、いつもすっと御座所の方へお立ちのきになって、通る場所をあけて頂くのでございました。

　御座所前のお縁座敷（入側）には、たくさんの盆栽がならべてありましたが、たしか一週間に一度、内苑寮から別の物が上ってくるのでした。

　枝振りや配色、大小などの取り合せを考えながらならべるのですが、ある時、私がならべておりますと、お縁座敷まで出てご覧になっていたお上が、

「雀にも木の枝振りや、裏表がわかるかね」

と、おっしゃって笑っておいでになるのです。私などは、まるで子供のように思召していたようでした。

　十時半には、軍服をお召しになって出御、お学問所で政務を御覧遊ばし、零時半に入御、フロックコートにお召替えになって、皇后宮様と御一しょのお部屋で（テーブルは別）御食事を遊ばしました。

　完全な設備のもとに、大膳職の手で整えられたお料理を、当番侍医がおしつけ（お毒味）してから、さめていけないものはお盆一杯の銀の蓋を、夏はもじ（絹の蚊帳の布のようなもの）で張った丸い蚊帳のようなものを一つ一つに掛けて、大膳職員が御膳掛へ、そこから中の口までは御膳掛が運んで来ます。

毎日、殆んど時間は一定しているので、あらかじめ用意ができているのでしょう。お上のご沙汰によって、お側にいる権典侍が、「ごぜん！」とさけびますと、詰所の内侍が申の口の命婦に向かって大声で伝えます。お食事の当番になった女官全部は、二回三回と手や口を清めて（一回は普通のよごれを落すため石鹸を使い、二回目は上すすぎ、三回目はご膳手水といって、お食事を運ぶ時だけに使う別の蛇口から出る水で洗います）、お上の方は権典侍が、皇后宮様の方は権掌侍が、一のお膳を命婦から受け取って、お食堂へ運びます。

二の膳からあとは、お部屋の入口まで命婦が運んで来るので、私たちはそのまま立っていて、テーブルの上にならべればよいのでしたが、何分たくさんの品数ですし、大きなお皿の物は重うございますから、お上の方は助手に権掌侍が一人お部屋の内におりました。御配膳中は手の内側が自分の着物などにふれないように、軽く手を握って外向きにしている習しでございました。

お食事が終れば午後二時。それからは御座所で上奏物をご覧になったり、お歌などをお詠みになります。

御製は、いつも不用になった鳥の子紙の上奏袋を、鋏でお切りになって裏返しに遊ばし、それに書いておいでになりました。

木曜のおテーブル

毎週木曜日には、勲二等以上の勲章に添えて賜わる「勲記」に、ご直筆のご署名を夕方までお書きになっておりまして、これはご発病までお続けになりました。

その時お用いになる大きな机を、私たちは「木曜のおテーブル」と呼んでいましたが、常の日は御道具掛がお預りしておりました。

お上がご署名を遊ばすのは、このテーブルの前にお立ちになったままなので、随分お疲れになるのではないかしら、などとも存じ上げておりました。お墨は古梅園《こばいえん》特製の金色の紅花墨で、すりますのは、ご沙汰によって私たちが致しましたが、そろそろとすりますので、随分ながく一時間くらいもかかりました。

ご署名が乾いてから整理するのは権典侍でした。早くさっさと仕舞う人の時はよいのですが、いつまでもかたづけないである時は、高いシャンデリアに灯をつける内侍たちにとっては、もしや火が飛んだり、蠟でも落ちては大変と、ずいぶん心配の種でございました。

昔はお手慰みに木工細工など遊ばしたそうで、お手製だと伺った小さな衣桁《いこう》に汗ばんだお肌着がかけてあったのも拝見いたしました。

また、糸だけ取りよせて、琵琶などもお作りになったそうでございますが、晩年には大体こわしておしまいになりました。その訳は、「昔から勅作《ちょくさく》の人形とか、勅作の何々とか、代々の天皇がお残しになったものがたくさんあるのだが、使うこともならず、捨てるわけにも行かず、後の者が困るから、わしは下手な細工など残したくはない」と、仰せになっていたからでございます。

お昼食後は、皇后宮様もよく御同席になっておりますので、何かとお物語を遊ばし、お菓子なども召上ります。

御夕食と入浴

御夕食は七時からで、やはり御沙汰によって出しますが、お昼よりは大分お品数も多く、いつも二十種以上のように思いました。

お上はどちらかといえば、濃厚な方をお好みになりましたので、同じお魚を差し上げるにしても、つけ焼とか、煮付けで、皇后宮様は塩焼や、お刺身、またはからすみなどといった物がお好きでございました。

昔の大名たちが、各自お国自慢の産物などを献上しましたが、魚とか、野菜、果物は調理して差し上げますが、お菓子はみな女官が戴きました。

その内で、確か毛利氏から献上になるのだと思っていましたが、中鯛の一塩物が、たいへんお気に入りで、

「今年はまだ献上しないが、早くよこせばよいのに」

などと、お子様のようなご冗談を仰せになっていました。あの時分のことですからお好みとあれば、いくらでも取り寄せて差上げられるのでしょうけれど、そういうことは遊ばさないのです。

御配膳に出た人には、おのおのに何かお料理を戴きますが、侍従職、主馬寮などの宿直にも、いちいちお指図でお下りを賜わったものです。大きなものでは、眼の下一尺余の鯛の焼いたのや、おうどんや、そうめんなどと一しょに煮たのなどもあり、何もかもたくさんで、鮎などもお一方様に十五尾くらい付けてありました。

御夕食後は蠟管の蓄音器で、「北白川宮台湾入」とか、「大塔の宮」などいう琵琶歌をよくお聞きになって、時にはご自分で口ずさんでおいでになることもございました。

御座所には大きなテーブルと、お椅子があったので、夏は腰かけておいでになる時

もございましたが、大体は、毛皮を下に敷いて、白羽二重のお褥《しとね》の上におすわりになっておりました。

御湯殿、おとう（便所）も、お上のは御所に、皇后宮様のはご休所にございまして、御湯殿はどちらも八帖の畳敷に中央の二帖だけが一段高いお畳《じょう》になっていて、この上でお召物をおぬぎになるのです。お世話申し上げる女官は下の畳の上におります。

ここは羽二重の高麗縁《こうらいべり》で、御剣や御璽を安置する上段の間と、おとうとの三ヵ所が畳でした。

浴槽はその下にまた八帖くらいの板間があって、そこに据え付けてあります。御湯は別の場所で程よくわかしたものを、八瀬童子《やせのどうじ》（仕人）がお手桶で運びまして、たくさん重ねて積んでございます。「お湯を」と仰せ出されますと、それを浴槽に入れるだけは命婦がやります。

お上の御入浴の時、燭を持って先に立つのは年輩の内侍で、お湯のお世話は権典侍が、皇后宮様は内侍二人と命婦がお世話申し上げ、おとうの時にも二人ずつはお付き申し上げております。

たいへん失礼なお話にはなりますが、世間で何やかといろいろのことを申しますから、ちょっと書き添えますと、両陛下ともおとうの時ご用済みになりますと、仕人が新らしい箱を持って来てお取り替えいたします。それは引出しになっていてしっかりと蓋ができ、下行道と呼ばれる所（塀と塀の間を通り抜け、廊下も地下をくぐる）を通って行きますので、誰の目にもふれません。それは量や、質を拝見して、ご健康を伺うためのバロメーターなのですから、そのたびごとに侍医寮に差し出します。こんなぐあいのご生活ですから、ご自分勝手なことは、絶対におできになりません。

六号と花ちゃん

いつもお側には、ご愛犬六号（おす）花号（めす）の二疋の内の一つが交代で来ておりました。

六ちゃんは小さな「ちん」で、朝お目ざめの時から出御までと、夕方七時頃から御格子まで、お膝元におりましたが、他の時間は御道具掛がお預りして世話をしていました。これは毛の房々としたおもちゃのようで、可愛いというだけの犬でした。

花ちゃんの方はなかなかの利口もので、意志表示をはっきりやるので、この方がご秘蔵のようにお見受けいたしました。

新しい布団ができると、さっそくその方に乗って、ちぎれるほど尾をふりながら、古い方は足でぐんぐんと向こうにやってしまう。また何かおねだりしたくなると、お上の前で「ふうん、ふうん」と哀しそうな声を出し、思いのかなった時はさも嬉しそうに喜びますが、どんなに好きな喰物を目の前に置かれても、人がとって与えない内は、決して口などつけなかったのはやはり躾けというものでしょうか。おやつのお菓子は三時になると皇后宮様から戴く習慣だったのですが、お歌などお考えになって忘れておいでになると、お側に付ききりでおねだりしておりました。もともと猟犬なので、ちっとも音には恐れず、遠くから花火の音などがきこえて来ると、喜んでお庭にかけ出します。

しかし自分だけで勝手に、何処かへ行くということはありませんから、時々はお庭へ散歩に出しておやりになります。自分が出たくなると、階段の途中までおりてお供を待っています。綱なしで犬と一しょにかけるのですから、若い人でなければ駄目なのです。私は元来、犬は好きでなかったのですが、どうしたわけか花ちゃんだけは向こうからたいへん好いてくれましたので、おいおい可愛くなって、よくかけっこをしたものです。

夜になってからでも、私といくと一番長く遊んでいるので、「めす犬でよかったですよ。雄犬なら伏姫さんになるところだった」などと、冗談をいって笑った人もございました。私の他は白萩権典侍、昼顔、山茶花の各権掌侍、槙《まき》、荻《おぎ》の各権命婦を召されるのでしたが、どういうわけか槙さんだけは嫌って、この人が来ると中途までおりかけたのが、すぐまた上ってしまいますので、お上が、

「犬でもおかめは嫌いと見えるね」

などと、御冗談をおっしゃっていました。

　花号は入御の時お供をしてお内儀にきますが、出仕の退出する七時には、お表に帰ることになっていました。

　これは侍従職の仕人が世話をしておりました。ある日の夕方、白萩権典侍に連れられて運動にいった花が、うす暗くなっても帰ってきません。いつまでもどこに遊んでいるのかと思っていますと、はあはあと息をきらせながらかけこんで来た権典侍が、

「今お庭で鴨を取りましたのですが、花の力では持って帰れませんし（小さい犬です）私は恐くて手出しができません。どうかして離させようと思っても駄目でございます。だんだん暗くなってはなおさら困りますが、いかがいたしましょうか」

と申し上げました。さっそく出仕をお召になったお上が、

「主馬寮に電話をかけてその話をつたえ、オシヤム（大炊御門御用掛）を呼べ」

と、お申し付けになりました。やがて大きなタオルを持ってやって来た御用掛は、お勝手知った（昔出仕だったので）内庭にかけ下り、タオルをかけて鴨をだき取りましたので、花も安心して帰ってきました。

さすがに猟犬なので、鴨はどこにもきずがなく代々木の離宮に飼われることになって、花ちゃんは、お肉のごほうびを戴きました。

「おひる」から「御格子」まで

お上は毎日十一時半には御格子（御寝）になります。日露戦争までは十時半でございましたそうですが、戦争中は夜中までもたびたび上奏がございましたので、遅くなるのが御習慣になったとか承りました。

新聞は全国からのものが三十数種に上っていましたが、必要な事件は誰かが聞かせるだろうと仰せられて、あまりお読みになりませんでした。

今とは違って新聞に天気図など出ませんでしたが、気象台からは毎日全国の気象の報告が上っておりましたし、また市内の火事なども大きなものは、いちいち電話がありましたので、雲上などとはいってても何でもよくつたえられておりました。

お上が御格子を仰せ出されると、「ご機嫌よう」と、ご挨拶遊ばした皇后宮様は、内侍二人を従えて（一人は前に燭を持って）御休所（ご自分のお部屋）へお引き上げになって、すっかりお化粧も落し、おぐしをとかし、おとき下げ（お下げ髪）に遊ばし白羽二重のお寝間着に緋縮緬の細いおみ帯で、白羽二重のお夜具の揃った寝台の上で御格子になります。御寝台には両陛下とも冬は牡丹の地紋白緞子のお緞帳を夏は絹もじのお蚊帳をかけました。お蚊帳のしずはお上は白、皇后宮様は緋縮緬でした。

明治天皇御料
（うがい茶碗、蓋物、お土瓶）

内侍も同じ着物に白羽二重の掻取《かいど》りを着たまま、やはり同じ白い布団で、一人はお寝台のすぐ下へ、一人は命婦とともに次のお部屋で休みます。

朝は七時半にお側の内侍が「ご機嫌よう」とご挨拶申し上げると、おひる（お目ざめ）になるのです。次のお部屋で宿直した方の内侍が少し早目に起きて（起きられないと思う時は、寝ず番の女孺《にょじゅ》に時間をいって頼んで置きます）、お掃除をすましお化粧道具を揃えておきます。

皇后宮様はお化粧着のお掻取りを召して、その前におすわりになり、命婦の運んだお湯でご洗顔といっても大きなたらいで、殆んど上半身お洗いになります。その時お手拭をしぼったり、お肩にかかったお湯を拭いて差し上げたり、お化粧の方のお手伝いは、その朝出勤した内侍が、またおぐしを上げたり、お寝具を干したりする整理は、宿直の二人がお世話申し上げます。

お化粧がお済みになるとその場で朝のお食事を遊ばします。やはりお上と同様に、一の膳、二の膳は上るのですが、召上るのはパンと牛乳入のコーヒーだけ、パンは大膳からでは焼きさましになるので、御膳掛の頭、阿茶か、または次席の茶阿がお近くで（といっても三部屋へだたった所）焼いたのを差し上げました。おかんばん（献立表）を御覧に入れるのも、お上と同様です。お食後にはお腰湯（下半身のお風呂で、命婦がお世話する）を遊ばして、お洋服とお召替の後、御所（天皇の御座所の方をいう）へおいでになるのです。

お召物は和洋とも内侍が差し上げ、お靴下などお裾の方のものは、命婦が差し上げます。お靴下を召される時、お側にいる内侍の肩にちょっとお手をおかけになるのですが、ある時私の肩におかけになって、

「三千子は細くて折れそう」

と、お笑いになるので、

「皇后宮様のお力などでは絶対に折れません」と、申し上げると、「これでも」と、お力を入れておおさえになったりして、時には御冗談も遊ばしました。

昭憲皇太后御料
（硯、文鎮、筆架、水差し）

　御所でお上の入御をお迎えになってからは、だいたい両陛下ご一しょなので、お話なども遊ばしますが、また御座文庫の前におすわりになって、新聞や、献本をご覧になったり、お歌をお詠みになっている時もございました。お歌はご前奉書といって、中奉書より少し形の小さい物で、それを二つ折にしてお書きになるのです。

　皇后宮様へは官報の他に、九種の新聞が上っておりましたが、ご熱心にお読みになっていたようです。新聞はたいてい一号からのがずっと揃って、青山御所のお文庫にしまってあるときいていましたが、今は焼けてしまったかも知れません。

　御座文庫というのは、二重になった大きな文庫（箱）に用紙（大体奉書）短冊等の必要品を入れ、その右隣りには硯石や筆の入った、引出し付の小さ

昭憲皇太后御料
（懐紙文庫、小文庫、文箱）

い文庫が付いて、これで一揃になります（皇后宮様ご使用品だったのが明治神宮宝物館にありましたが、別々に離れて置いてあったように思いました）。これは机の代りに使うもので、女官も全部自分の席にはこれが備えつけてあるのです。

御休所（皇后宮のお部屋）には、テーブル椅子、紫檀のお書棚などもありますし、総鏡付のお洋服箪笥、腰掛用お鏡台、お姿見、用箪笥、お寝台など全部お揃いの黒塗に藤模様の金高蒔絵《きんたかまきえ》、お小座敷には同じ蒔絵の日本机がございまして、お褥（座布団）もお用いになりますが、御所の方ではお上だけしかお褥を、お使いになりませんでした。

台湾総督や、朝鮮総督などから、ジャボンや、文旦などを献上しますと、その皮をお菓子器やお棚飾などにして、鶏卵製のコップと一しょに、お食堂の飾り棚におかざりになっておりましたが、その作り方は、枝のついた方を少し切り取って、実を引き出し、その皮をよく蔭干しにしたものに、内側は黒塗、外は皮のままで美しい蒔絵をさせるのですが、その中身を取り出すのを、お上のご沙汰で皇后宮様が遊ばしていたこともございます。私もお手伝いを仰せつかってやって見ましたが、最初の一袋さえ出してしまえば、その後はもう楽なのですけれど、皇后宮様のお力ではなかなか抜き出せません。お手を真赤にして引張っておいでになると、「どうだ、うまく出るか」などと、お隣りの御座所からお上がご覧になっているのです。これなどはどちら様にも、よいお慰みの一つだったのだと存じます。

皇后宮のお印という言葉がありますが、お印とは御自分の所持品につけられる一種の印で、明治天皇は、「永」、皇后宮様は「若葉」でした。罫紙の名は、天皇が、「淑景舎」、皇后宮は「飛香舎」です。しかしこれはご自分がお用いになるための物でなく、お手許に止めて戴く事項を書く時に使用するので、ただ御覧にだけ入れるものは各自その所属の用紙、たとえば、侍従職、皇后職、または内閣とか、陸海軍とかの印の入った罫紙を用いました。

右は明治天皇御料。左は昭憲皇太后御料（それぞれ「永」「若葉」の文字が印されてある）

御歌をお書きになるのは、御前奉書といって中奉書のやや小形の紙をお用いになっておりました。

皇后宮様が女官を名指しで召す（よぶ）時には「新樹」とか「早蕨」とか仰せられましたが、誰でもよい時には、「どなたか」とたいへんごていねいなので、その訳を伺いましたら、「今は皇后宮となり、女官となったけれど、元をいえば同じ公卿の娘だから」と、仰せられました。

おさがりの始末

お召になった物のおさがりを戴くことは前にも書きましたが、自分で着ます時にはそのままでさしつかえございませんが、それをまた第三者の他人に上げます時、白羽二重などは一応洗濯して、新らしい反物のようにたたみ、お水羽二重とよんで人に贈る習わしでした。

お洋服のおさがりは、戴きましても皇后宮様がお小さいので、たくさんの出ぎれがついてまいります。

お洋服裁縫所の窓には、いつも日光の当る場所に、美しい織物の洋服地がほしてあります。あんなに太陽に当てては、色が変るのではないかと眺めたこともございますので、ある日お仕立所の助手をしている女の子に尋ねました。すると、

「あれは、おさがりの洋服の仕立直しを承っております女官方のお品で、毛織ものはあまり目だちませんが、絹のお洋服はすこしでもお用いになったものと、新らしいお品とでは色が違いますので、始終気をつけながら、同じ色になるまで待っておりますのです」

と、答えました。

何事も、その道その道の苦心はあるものと感心したものでございます。

ただ今でいえば、ヘヤートニックのようにお髪におつけになる「おかずら」というものがありました。これは「さねかずら」というつる性の植物の茎を干したもので、表皮を取りのぞいてその茎を水につけますと、ぬるぬるしたねん液が出ます。それを髪の毛につけますと、毛も黒くなり、美しいつやが出るとかで、皇后宮様もお用いになり、女官たちも皆使っておりました。

「かずら」は、長さ十七、八センチくらいに切ってあるものを、およそ半分くらいだけ皮をとりのぞき、「かずら立《だて》」とよばれる筆立のような物に、立ててありました。ご使用後の品を女官が戴いて、あとの半分の皮をけずって、それを使用しておりました。

蠟燭なども半分くらいでかえますので、さがった分は、御道具掛が整理して皆が戴きます。

木炭なども（さくらずみと呼ばれた櫟丸《くぬぎまる》ばかり）たくさん上りまして、残った分は皆が戴きますので、局ではさくらずみで風呂をたてていたという話さえありました。

明治四十三年のことでしたか、大雨のため本所、深川あたりに大出水したことがございました。

御見舞いにお手元金も賜わりましたようですし、職員たちもお金を集めました。またそのお金とは別に、戴きましたろうそく、木炭なども集めてたくさんお見舞いに送りました。差出し人は無名です。

しかし、世の中にあんなつけかけの、しかも同じくらいに揃ったろうそくの古いのが、そうたくさんある所は他にございますまい。受けた人々はそれとさっして、たいへんよろこんだとかききました。

御庭のお食事

お内儀は女ばかりの世帯なので、ただおとなしく優しいだけでは、非常の時など物の役にたたないというお上の思召から、力を出さなければできぬ仕事も随分おいいつけになるので、初めはなかなか骨も折れましたが、御用をたくさんすることをかえって誇りとするような風習がありました。

私の出た時分は、もう皇后宮様もお年を召しておりましたので、ご乗馬は遊ばしませんでしたが、元はずいぶんお稽古を遊ばしたそうで、女官も殆んど皆の人が馬に乗れました。お内庭にもお馬見所というお茶屋があって、ここは御座所の前からの芝生続きで、築山を一つのぼったところでございました。しだれ桜の咲く頃は、みどりの松にひとしお色はえて誠に美しく、この馬場での皇后宮様のご乗馬姿、さぞやと想像するさえ名画を見るような心地がいたしました。

私が出てからは、このお茶屋でお昼食を召されることもありましたし、牡丹などの咲き揃ったお庭でのお昼食もございました。この時は臨時に御座所を作るのでしたが、今ならばさしずめテント張りに椅子というところでしょうが、その時は床机を幾つかならべて作った床に、柱をたてて屋根をかけ、六帖敷くらいのお部屋を作るのでした。全部組立てれば出来るようになっている合印が付いているとはいうものの、ご覧になっているところで建てるのですから、全部高等女官がやるのでございます。ともかく両陛下がおすわりになる場所ですから、万一にも間違いがあっては大変と、なかなか心配でございました。

零時半入御になって後、ご沙汰によってその場所に作るのですからたいへんな騒ぎ、今とは違って洋装といっても裾は長うございますし、それを紐ではしょって、お馬見所の隣の物置から、柱や、床机、雨障子などの入用品を荷車に載せてお庭を押す人、引く人と、どんどんとはたらく姿は、知らぬ人からはとても想像もつかない珍妙なものでしたでしょう。

馴れた人たちの早いことといったら、私などはただまごまごしているばかりです。それが一時間とは立たぬ間に出来上って、二、三十種のお料理まで全部はこび終ってしまいます。

お食事中お側にいる女官たちも、臨時のお陪食でおすしなどを戴きます。

これは大膳とは別に、毎日きまった料理人がつめていて、御機嫌伺いに出た人に昼食を賜るとか、また来る人が女官たちへのおみやげにおすしや、お料理を贈る時などのために出勤しているのですから、のり巻や、押ずしくらいは何時でも間に合うようになっておりました。

年の若かった私は、かわったお催しがある度にとても面白いことと思って、うれしかったのですが、お陪食等のご前で戴く時には手のひじを膝の上に乗せて、なかばおじぎをした様な形で戴かなければならないことになっていましたので、せっかくおいしく戴いたものも、何だか途中からさがらないような気がして、少々苦手でございました。

お食後は皇后宮様に、「何か花でも摘んでおいでなさい」と、お上が仰せられるので、小さい籠をさげて皇后宮様のお供申し上げ、日当りのよい築山のほとりに、つくし、たんぽぽ、すみれなどとさがし廻りながら、ふと過ぎし日の子供時代を思い浮べたのも、今は懐しい思い出として目前に浮んでまいります。こんな時でもなければ、皇后宮様は滅多にお庭にさえお出にならない窮屈な御生活でございましたので、今の両陛下〔昭和天皇・皇后〕が皇太子様方とご一しょのお楽しそうなお写真などを拝見して、隔世の感を深くいたします。

その頃の今上陛下

あの当時の皇室は御一家といっても、皆様何もかも別々で、御一しょにお集りになるのは公式の時以外はほとんどなく、皇太子様さえ毎週の土曜日に、お一人でご機嫌伺いのため御参内になるくらいのものでした。お上には表御座所で皇后宮様にはお内儀御座所でご対面になって、茶菓だけのお接待をお受けになって、すぐご退出になるといった、誠に形式的なものでございました。

今の陛下〔昭和天皇〕は、まだ皇孫殿下と申し上げて、お十歳前後、時々は御参内になりましたが、やはり儀礼的の御機嫌伺いを遊ばす程度で、あまりお親しさというものがないように感じられました。ただ、皇后宮様が沼津などにお転地中は、やはり附属邸においでになっていた皇孫様方が、お遊びにおいでになることがございました。この時ばかりは本当にお親しそうにお話を遊ばしたり、組立てのおもちゃなど進ぜられる（おあげになる）と、お三方で（三笠宮は御誕生前）いろいろと工夫をしてお遊びになるので、皇后宮様はそのお姿をほおえましくご覧になっておりました。

ある日お三方で相撲をお取りになっていた時、どうしたはずみか今の高松宮〔宣仁〕様のお腕が抜けました。お驚きになった皇后宮様はそれ以来、「お相撲だけはいやでございますよ」と、仰せられてお笑いになっておりました。

お昼食などをご一しょに遊ばしますと、

「おばば様の所の方がお御馳走もあるし、おあとのご飯（お食後のお菓子、果物のことをそうおっしゃっていました）も戴けてうれしい」

と、三殿下ともお楽しみに遊ばし、また皇后宮様もそれをお待かねでおいでになりましたのに、それもご自由にとはまいらず、何か昔の制度というものは変っていたように思えました。

形式だけの御機嫌伺い

いつも皇太子様（大正天皇）ご参内の時には、年若の女官は別の御用の方にまわり、年輩の人たちがおもてなし申上げるのですが、ある時ちょうど私が詰所におりますと、皇后宮様のご機嫌伺いに、お通りかかりになった殿下が、御自分の持っておいでになった火のついた葉巻煙草を、私の前にお出しになって、「退出するまでお前が持っていておくれ」との仰せ。他に年輩の人もたくさん居るのに、誰も何とも申し上げてはくれませんから、止むを得ず、「はい」と、お受けはしましたものの、なみいる人たちからは冷い視線をあびせられて、身のすくむ思い、紫になびく煙をうらめしく眺めておりました。

園権典侍

何でもないようなことでさえ、とかく男の人が相手となると誠にうるさい世界なのですが、

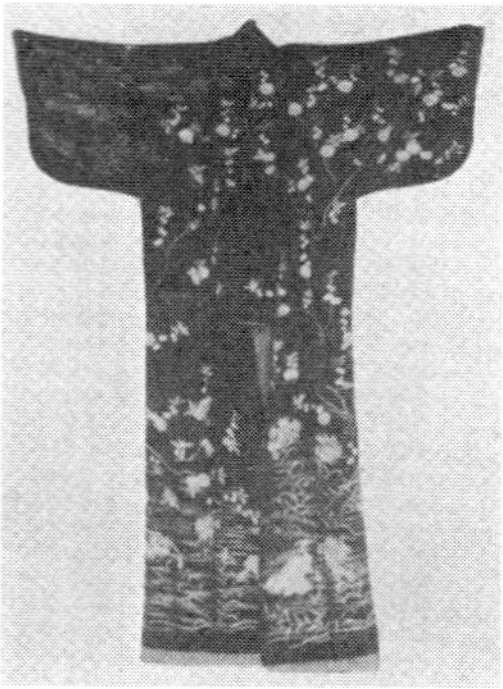
模様の掻取り

それが殿下とあって見れば、知らん顔でそっぽを向いているわけにもいかず、何とかお答えも申し上げねばならぬ次第でございます。

殿下としてもせっかく毎週、御機嫌伺いにおいでになるのに、お親しそうにお話も遊ばさず、あまりにも形式すぎて、お気の毒さまのように存じ上げました。

ある日のこと、皇后宮様のお心づかいで、特別にお許しをお受けになった内親王様方が（お四方とも園権典侍のお腹）、おそろいで御参内になりましたが、竹田、北白川の両妃殿下は、若宮をお連れになりました。

竹田若宮（今の体育協会専務理事、竹田恒徳《つねよし》氏）は、たいへんおとなしい方だったので、何か物おじしたように静かにかしこまっておいでになったのですが、お四歳くらいだった北白川若宮（永久王《ながひさおう》）は、「おじじさま」と、おっしゃると同時に、いきなりお上のお膝に腰をおかけになって、白くふさふさとした長いおひげを引張ったりして、ふざけておいでになりました。お上もさもお可愛いいといった面持で、「これおかしな子だね」と、おつむ（頭）をなでておいでになりました。

すると、

「おじじ様、おもちゃ有難う」

「はは……おもちゃのさいそくか。何か持って来てやりなさい」

と、すこぶる上々の御機嫌でございました。おそばでは皇后宮様も、さもご満足そうにほおえんでおいでになりました。これでこそ本当にお孫様らしいと、なみいる一同も誠にうれしく拝見したものでございます。

あの時分、永久様はまだ御幼少でございましたが、ご自分もふかく印象に残っておいでになったのだろうと存じます。それは明治天皇崩御後、ご真影ご拝においでになった時、「おじじ様、私をえらい者にしてちょうだい」などとおっしゃって、お慕いになっているご様子をたびたび拝見しましたが、ああ、あの永久様も太平洋戦争中にご戦死あそばされて、最早この世にはおいでになりません。

内侍の生活

お新参さん

明治も四十二年といえば、外燈だけはまだ石油ランプで、掃除夫がふみ台を持ち歩いて火をつけていましたが、都会では部屋の内はもう電燈が普通のようになっておりました。しかし明治天皇は何か思召すところがあってか、電燈をご使用になりませんので、お内儀は皆蠟燭でございました。お部屋の内は如何にも古代の宮殿をしのばせるような、大シャンデリアが中央に下っていて、大きな蠟燭が二ダース程もついておりました。その他誰彼各自の手許にはホヤのついた燭台があり、廊下には日本紙で張った雪洞《ぼんぼり》がございまして、誠に奥床しい景色、灯のついたお部屋の内は、大理石造りのマントルピースの上にある大鏡に映し出されて、実に物珍らしく、和洋折衷の妙とでもいうのでございましょうか。

春のたそがれ時など、緋の袴に袿《うちぎ》の裾を長く引いた女官が（洋装の時もある）雪洞形の燭をかかげて持ち歩いている姿を、お庭から眺めますと、ぎぼしつきのきざはしの美しさも手伝って、夢の国にでも誘われた心境でした。

蠟燭のことですから、どうしても一回は新らしい物と取りかえなければなりませんので、それは九時半ときまっておりました。両陛下のお目にとまる範囲のものは内侍の受持ちで、役割もきまった二人がやることになっていたのです。シャンデリアの方は高いふみ台にのぼらないとできませんから、たいていの場合は若い者が受持つことにしていましたが、高い台に上ると両陛下を下に見おろしますので、「高見恐入ります」とご挨拶申し上げてからのぼる習しでございました。下からはお上がよくご覧になっているので、馴れない内は何だか足ががくがくするようで、他を眺める余裕などはとうていございませんでした。

御縁座敷（入側）の雪洞にしても、いちいち立ったりすわったりしなければならないので、年配の人たちには相当骨が折れることと察して、幾分早目に仕事を始めますと、「ああご苦労さん」と、いたわって下さる人もございましたが、

「まあ、そんなに人を出し抜いて、お上の思召に入ろうと遊ばしても、お新参さん（新任者）なんか駄目ですよ」

と、恐ろしい眼でにらまれることもありました。せっかく親切心からしたつもりなの

に、まあ何という意地の悪い考え方かしらと、あぶなくこぼれかかる涙を、人には見られまいとうつむいたまま、

「出すぎて申訳ございません。以後気をつけます」

と、口ではいっているものの、その口惜しさはまたひとしお身にしみたことでございます。

両陛下の御機嫌伺いに参内《さんだい》した人たちの名簿を、毎日ご覧に入れるのですが、祝祭日などは相当の数にのぼることもございますので、皇后宮様にはお側にいて一枚一枚とまくってお目にかけます。すると中にはずいぶん変った名前もあるもので、特に朝鮮貴族や、その要人たちには、何と読むのかさえ分からないのがたくさんございました。

「まあ面白い名でございますこと。こう読むのでございましょうか」

などと、若い盛りの私が大声で笑い出しますと、さすがの皇后宮様も、つい引込まれて、

「ほんに変った名前」

と、お笑いになります。

この御用を済せてからもまだ、おかしさをかみころしながら詰所に帰って来ます

と、思わずはっとするような恐ろしい目が待っているのです。「お新参のくせに、皇后様のおのどの下に入って、御機嫌ばかりとるとは末恐ろしいお人や」

との独語が耳につたわります。私は今までの笑いはどこへやら、ああそうなのかと、下うつむいていますと隣の席から、

「そんなに気にしなくともいいのですよ。けれどもいろいろの気性の人もありますし、お仲間が丸く行かなくては勤まりませんから、御前での大声だけは慎しまれた方が宜しいでしょう」

と、撫子内侍さんの注意をうけ、ああ笑うことさえ自由でない世界なのかと、心淋しく思った時もございました。

ある夜、御格子の間の蠟燭を取りかえようと思ってお障子をあけますと、黒塗の枠に鳥の子紙の張った、しかも大きくて重いものなので、いつも力まかせに引いて漸くあけるのが、その時は驚くほどかるかったので、「はっ」と、顔を上げますと、目の前にお上が立っておいでになるのです。よくあることですが、つまり両方からあけたわけなのでございました。いま少し急いでいる時だったらたいへんなことになったと、思わず後にさがって、

「恐れ入りました」

と、頭を下げますと、

「ハハ……もう少しで雀にぶつかるところだった」

と、大声でお笑いになりましたが、お供の典侍さんは、「ぎろり」と、恐ろしい一べつを残して通り過ぎました。

詰所で新聞や、本などを読んでいても、始終先輩たちの動きにも気をつけなければならず、また直接お召の時など、聞き漏らしてはたいへんと、緊張の連続でございました。

一番苦心したお配膳

その内でも一番心配だったのがお配膳でした。お上の方は、あれをこれをとご注文になりますから、それをお手のとどく場所へ置き替えて差し上げるのと、お汁類やその他温いもののお代りを、お取りかえするだけで、権典侍もお側にいますからよほど楽なのですが、皇后宮様の方は、鮎、鯉、鮒などの小さいお魚は、なるべく形をこわさぬように注意しながら、すっかり骨を取って別のお皿に移して差し上げます。半熟卵なども、銀の器に入れたままナイフで上の方をそっと切り取って、白身だけは外に出してお勧めするのです。お汁物も二、三種あるのを、三回は温いものとお取りかえいたしました（命婦の人が時を見計らって持って来ます）。ですから世間で陛下は温いものを召上ることができないなどと、いわれているそうですが、あの時分にはそうではございませんでした。

大体お好きなものは分かっておりますので、召上りそうなものをお手もと近くにと、つぎつぎに器を取りかえますが、差し上げているうちに、同じ器に入っているいろいろのおつけ汁、たとえば二杯酢かただのおしたじか、たで酢などが分からなくなって困るようなこともございました。

大膳から上る時には、そのお料理のそばに添えてあるのですけれど、自分たちのものならちょっと鼻先に持っていくとか、明るい場所でかしげてでも見当はつきますが、そんなわけにまいりませんから、よく覚えていなければならないので、馴れないうちはなかなか骨が折れて、御食事が済みますとやれやれと、ほっとしたものでございました。少し手馴れてまいりますと、今度は長いお食事中ずうっと行儀よくつっ立っているので、夏のお昼食時など暑さはあつし、始終寝不足なので、何ともねむくて仕方がないのです。

午后一時半頃になると、お庭外をご警衛する兵隊さんが、ラッパの音と同時に交代するので、ザクザクと歩くのがかすかにきこえてきます。ああ、私も早く体を自由にして少し歩いてみたいな、などと考えながら、眼を見張って我慢している時などは、なかなか苦しいものでした。

ご飯は両陛下とも別に、おのおの六角型のお食籠《じきろう》（おはち）に入っておりまして、これは表が黒塗りで中央にご紋章の高蒔絵、内側は朱塗りになっていました。おしゃもじや、おさい箸は皆銀製で、召上るお箸は柳ばしで、一回ずつ新らしいものを差し上げたということです。

両陛下のお食事を、「御膳《ごぜん》」というので、臣下用のものは、「おばん」といい、お茶碗、お皿類も臣下用は、茶碗、皿、箸といいました。考えれば不思議はないのですが、馴れぬうちは何となくいいにくうございました。

「世間広し」の貼紙

私たちが出勤中の食事は、各自の局で調理したものを、ある一定の場所まで（百間廊下を過ぎた所に、おばん棚というのがあった）侍女が運び、そこからは食堂の子供

（判任女官の卵で、十二歳から十五、六歳くらいまで）が集めて、整理しておいてくれるので、各自が御用の都合で交代して食堂に行くのでしたが、時間も一定していないのに、何時にいってもおばんも温かく、お汁物もすぐあつくしてくれました（瓦斯《ガス》ではありません）。急ぎの時には果物の皮までむいて、誠によくゆきとどいた世話をしてくれましたのには感心いたしました。

面白いのは大きな鑵《かん》などに、「世間広し」と貼紙がしてあるのです。初めは何のことかと思いましたら、世間が広いのですから誰でも自由に喰べてよいというわけで、お煎餅、かき餅、ビスケットなどがいつも入っていました。また毎日作って差し上げる、御料（両陛下の召上る）の甘いお菓子などもたくさん出ておりましたし、各自の局からもまいりますので、お菓子に不自由はすこしもございませんでした。

食事や、入浴に行く時はもとより、ご不浄に行くにもみな、仲間にことわって置かなければならないのです。それはもし名指しでお召しになっても、居所がすぐはっきりわかるためでございました。

食堂などで、たまたま気の合った人たちといっしょになっても、何か話し合ううちに、奥のご用のことでも口に出してはたいへんと、おたがいにあまり口をききませんが、またそれをきき出そうと耳を立てる人もあるというあんばいで、一日の勤めを終って局に帰り、床の内に入ってしまうと、やっと本当の自分の体になったような心地になるのでした。

解放の夜

局に帰る時にも、廊下にはおのおのの侍女が迎えに出ていて、主人筋の姿を見ると、いっせいに頭を低くたれてかしこまっています。「他所《よそ》様のご家来（侍女）にはいちいち『お構いのう』とお言葉をおかけになるのでございます。急ぐ時にはお許し遊ばせと通り抜けてまいりますが、ご挨拶がないといつまでも頭を下げております。そして蔭では何かと悪口を申しますから。しかし、あまり気にしてきょときょと遊ばさず、鷹揚に構えておいでになるように」とは老女ふきから、最初にうけた注意でございました。

だが、まだ出勤したばかりの若い私には、何だかきまりが悪くて、なるべく人に出合わぬようにと、いつも大急ぎに歩きますので、供の侍女はちょこちょこかけていることもございました。局に帰れば、侍女のさし出した寝間着に着かえて、床に入ります。そっと布団をかけてくれた侍女たちは、「ご機嫌よう」と挨拶して、次の間にさがって行きます。それから後だけが自分一人の世界。

すこしこみ入った手紙などを、両親にでも書きたいと思う時は、それから三、四十分後、皆の寝静まる頃を見はからって、再び起き出して机に向かいました。でないと何時までも侍女が側に起きていますから、気の毒なのです。

だが、自分も眠った真似をしているうちに、昼の疲れでいつか夢路をたどって行きます。

翌朝侍女の、「お時間でございます。ご機嫌よう」の声に、ようやく目をさますのですが、なかなか起きないものですから、「ご前のお目醒めを上げるのは米つきばったのよう」と、侍女たちから言われました。それは側についていて何回も何回も、ご機嫌ようと頭を下げるからだと申します。起き出して化粧着に代えると、縁座敷にならべておいてくれました鏡や化粧道具の前で、口をすすぎ洗面、そして化粧をするのです。

後では侍女が髪をなおしてくれますし、いま一人が食事をはこんでまいります。

昔はいつも袿袴だったので、始終「お中」という髪（お雛様と同じ）だったそうですが、私の出た時分はこの髪はご神事の時だけで、常は大体が洋服で、日本服の時は「ときさげ」といって前髪のあるおさげのような髪にしていました。

しかし初めお雇のうちは、「根《ね》」といってやはりお中に似て、堅い紺紙《こんし》を中心にした油でかためた髪でございましたので、なれない高い木枕をちょっとはずせば、すぐ紙が折れて見つかります。「ご前、またお枕が」などと言われても、それまで気にしていては眠れません。「うん」といったまま、何とかなおしてくれるだろうと、呑気にかまえておりました。

あんこう鍋で一杯やる女官

外から面会人が参りますと、局におります時は局口の応接室で、更に出勤している時は申の口の続きにある、女官応接室という所で会いました。ある時、私が、父との面会を終ってこの応接室を出てまいりますと、通りかかった花松典侍（千種）が、「今のはおでいさんでしょう。ずいぶんおつむが白くおなりになりましたな」といわれるので、

「どうして父をごぞんじなのでございますか」

「あなたこれから食堂でしょう。あそこでお話しいたしましょう」

二人は一しょに食事をとりながら話しました。

「おでいさんは、あの岩倉やす子さん（岩倉具視の娘）〔静子《やすこ》〕などをお貰いになったので、ご不幸だったのですよ。この私さえ貰っておおきになれば、この通り丈夫でご幸福だったのです」

私は何のことやらさっぱりわからず、

「それどういうお話でございますか」

「実はね、私京都の華族会館でお見合をしたのです。あの時分は黒い髪の房々とした、鼻の高い好男子でしたよ」

「ホホ……思召に入りましたの。たいへん光栄でございますわ。しかし今の典侍さんは、日本一のおむこ様でございますもの」

「だけど、おでいさんの方が、美男でした」

二人は思わず声をあげて大笑いいたしました。

この典侍も、髪の毛が薄くなって人目につきますくらい、当時、まだお小さかった皇孫様方（今の陛下〔昭和天皇〕やそのお兄弟）が、おいでになりました時、

千種典侍

「花松の頭には毛がすくないから、お人形を作る人に植えて貰ったら」と、本気で仰せられたので、皆の話の種になっておりました。双方ともにこんなに年をとった人たちの、思出話もまた面白いと存じました。私たちは後添いの子でございますが、やはり父に向かって、やす子さんの名はいいにくく、遂にこの話はいたしませんでした。

両陛下の御食事が終って、九時過ぎにもなりますと、もうあまり特別の御用もなし、女官も全部出揃っておりますので、なかには食堂で一杯きこしめす組も、数人ありました。

ある時、小さな「檑《ずり》」に箱を載せて、大切そうにそろそろと引いている食堂の子供に、申の口で出会いましたので、

「それなあに」と、ききますと、

「柳内侍（小池）さまがご注文のあんこうでございます。気味の悪いものでございますよ。ご覧あそばせ」

と、いいながら、蓋をあけて見せました。名前は知っておりましたが、一疋のままのものを見ましたのはこれが初めて。

「こんなもの、どう遊ばすのかしら」

「今夜のお酒の時、あんこう鍋にするのだそうでございます」

「まあ、いやだ、気味の悪いお魚だこと」

むつかしい顔をした女官の半面に、こんなこともございました。

ある夜の出来ごと

表向きの御行事、たとえば観桜、観菊の会を始め、内外人の拝謁などはすべて洋式でございましたが、一度お内儀に入ると古代そのままで、始終そのうちでのみ暮す女官は、習慣、風俗ともに昔のものを守るように伝えられ、この方が便利だとか、手数が省けるなどと考えても、勝手なことは少しも許されません。年齢こそまちまちでしたが、世間知らずの女ばかりの大世帯で、とかくああまいった、こうまいったと、なかなかにうるさい世界でもございました。

私は柳原典侍というなかなかの有力者がお世話親でございましたので、目にあまるような意地悪をする人もなく、「親の光りは七ひかり」とか「おたあさま（母親）のご威光で」と、いうような蔭口だけはききましたが、やはりいろいろな意味で、しあわせだったと思います。しかしこのお局はだいぶ質素でございましたので、出勤した当座などは食事はいささか困りましたが、御配膳に出るようになってからは、お料理を戴きますのでたいへんたすかりました。

ともかく華族出身というだけで、まだ出勤早々でも、さっそくにお側のご用をいたしますが、長く在官していても、お通弁とか、お歌のお相手とか、いわゆる特殊技能のある人以外は、士族出身は命婦以上には昇級しませんので、華族出身の若輩に対してはとかく反感があるらしく、いろいろと物語りなどで伝えられている、徳川時代の大奥の女たちが、おたがいにいじめ合うというような馬鹿らしい話はないとしても、他人の失敗を見つけて喜ぶような人が、無いでもございませんでした。

ここは名にし負う紅葉山、初夏の新緑、紅葉と四季とりどりの美しさはありますが、春の眺めはまたひとしおで、そのふもとにおのおのの局がありますから、出勤の途路いつも心を引かれましたが、勝手に出かけて歩くなどということはできません。昔京都嵐山の景色をとり入れて作られたとかいうだけに、桜の木が多く、春は花のトンネルがはてしなく続き、はるか向こうを見れば、黄金色に乱れ咲く山吹と和して、誠にたとえようもない美しさで、お堀には小舟さえ浮んでいまして、まさに一ぷくの絵でございます。こんな眺めに見入っている時だけは、私の身も心も晴ればれとしておりました。

ある日のことでした。丁度その夜私は宿直に当りましたので、局に帰る人たちから、「ご苦労さん」との挨拶をうけ、「ごゆるりと」と返事をくりかえすうち、もう誰もいなくなりました。

皇后宮様のおそばには、先輩の人が休んでいます。一日の御用がすんで解放された気安さから、もう白羽二重の寝間着に着かえた私は、紅葉山にも通じる廊下にあった非常口の戸をそっと引いて見ました。するとと音もなくするすると開きました。時刻はもう真夜中で、かれこれ十二時をすこしまわっていたのでございましょうか、誠に不気味なくらい静寂そのものでございます。

戸外に出て見ますと、今を盛りの桜が馥郁《ふくいく》と香りをあたりに漂わして立ちならんでおり、空にはほのかなおぼろ月、絵のようとも何ともたとえようのない美しさで、芝ぶせになった坂道を、幾曲りか下におりますと、お堀の側までも行かれますので、何に誘われたともなく、一歩、また一歩と、幾曲りか下って、お堀に近づきました。その刹那、

「どちらにおいでございますか」

と、丁重ではありましたが、りんとした男の声、それは皇宮警視でございました。

「はっ」と我に返った私は、踵を返してもと来た道を急ぎ足にのぼり始めました。

警視は自分の持った燭をそっとあげてこちらを見ました。元より顔は知るよしもないのですが、姿にそれと察したのでしょう、何も言わずに軽く礼をすると、行く先を照らし出してくれました。私は一言も口をきかないままに入って、定めの部屋で寝に付きました。爾後このことは誰にも話しませんから、他に知る人はないのですが、何を考えてというほどのことでもなく、物静かな美しい夜の景色に引き寄せられて、ただふらふらと出たのではございましたが、何かよほどセンチメンタルになっていたことだけは、間違いないようでございます。こちらも顔は知らないし、名ももとより語らないのですが、あの時の警視は何という人であったかしら、しりたいような気もいたします。

その後ふとした人の噂話で聞きますと、私の知らない昔のこと、何かいろいろと思い悩んだ若い判任女官が、このお堀に飛び込みましたとやら、まだよいのうちの出来ごとだったので、無事にすくわれたそうですが、あの警視が驚いたのも無理からぬことと、ひとり苦笑いたしました。

昔の女官気質

戴き物で底が抜ける

両陛下とも、御化粧着、お寝間着、お寝具類はみな白羽二重をお用いになりましたのでお召物は一週間くらい、お夜具類は一ヵ月くらいで新らしい物を差し上げます。お洋服のお肌着、ことに皇后宮様のものは、あの時代まだ日本では出来ない物もございましたので、すこし長くご使用になったように思いますが、ともかくたくさんのお下り物が出るのです。

お上のお品は宮内大臣始め、宮内官一同が戴くので、お内儀に残るものはすくないのですが、皇后宮様の方は、お搔取《かいど》り、お召、おみ帯などと随分たくさん出ますので、一年に二回くらい各仲間の頭が集まって（典侍、掌侍、命婦の）分けたのを、皆に戴くことになっておりました。どの仲間でも上位の人たちは、お召物など十五、六枚も戴きますのに、新参者は一枚くらいしか戴けません。日頃何かと立ち働くのは若い者なので、何を着てもすぐいたんでしまいますから、初めの内は着るものばかりに追われているのです（精好《せいごう》の袴は半月くらいで裾が切れます）。

何も平等にとは言いませんが、俸給その他のお手当も違うのですから、今すこし考えたらなどと思いました。

それでいて、

「まだ上りたてなのに、こんなに結構に戴いて有難いのですよ。ご奉公大事にお勤めなさい」

と、たびたび言いきかせられ、

「はい、はい」

と、頭は下げますが、ずっと昔の人ならいざ知らず、私たちの時代でも若い者は、ちょっと変な気がしたものでございます。

両陛下は、もとよりそんなことはちっとも御承知ございません。古い人たちは、戴いた羽二重をあまりたくさん長持に入れたので、大掃除の時、底が抜けたとやらいう話さえ、伝わっております。

また内親王様方や、他の皇族方がご参内の節、献上物の外に、女官一同にもおみやげを下さるのですが、皆様がご一しょになる場合はご相談があると見えて、おすし、おそば、お菓子、などの喰べ物と、料金でお持ちになる方とがございました。それをわけて各々に戴く時でも、幾通りか知りませんが、何でも差をつくる習しだったようです。私が出てから程なく本官になった荻の命婦が、かねてからこんなやり方を面白くなく思っていたのですが、まさか自分のことでは言うわけには行かず、折があったらなどと考えているうち、白萩権典侍、山茶花内侍、槇命婦などと共に自分も本官に任命されて、お雇というのは私一人になりました。

ある日、どなた様からか来た、おすしを皆でわけて付けておりました時（これは命婦がやる）、一皿だけ丁度半分きれいに盛ってそこにおきました。

位置の順に名札をはって食堂の子供に渡していた他の命婦が、

「荻さんこれどうしたのですか。半分つけかけになっていますよ」

と、注意したので、

「はあ、それは久世様の分です。お雇さんですから半分にしておきました」

と、答えると、何とも言えぬ複雑な表情でにらみつけられました。愉快、愉快などと、話してくれましたが、何でも差別をつけないと気が済まない習慣であったらしうございます。

結婚とは不都合千万

またお内儀での事柄といえば、全部女官の権限でことを運ぶのでしたが、ことに命婦は侍医寮、大膳職員、皇后宮職員などに直接交渉を持っておりますので、それ等の人にはなかなかいばっておりましたようです。

職の人たちにしても、つまらぬ意地を張られては面倒と、ご機嫌をとっている人もあるやにききましたが、やはり自然の原理とでもいうのでしょうか、異性という者の珍らしいこの世界では、「お薬を持って来ても、何医員の時は早く受取ってやる」とか、「何某属の話はよく用いてやる」とやら、変な噂をする人もいたようにききました。

昔のお局さまだった時代はいざ知らず、もう高等官何等などいう官吏になったその時代には、理由のはっきりした辞職は許されることになっていますのに、結婚などで下る人があると、先輩たちは、

「本当にさんざんお世話をしたのに、あんな不都合なことをして、飼犬に手をかまれたとはこのことでございます」

と、一人がいえば
「ほんにまあ、あの人を貰う人がよくあったものでございますね」

などと、如何にも憎らしくてしかたがないという風に、ここかしこで嫉妬の話題になっています。それをきくと、何というあさましいものか、私も年を取るとあんなになるのだろうか、本当にいやなことだ、いやいや私は絶対にあんな風にはならない、なりたくないなどと、繰り返し、繰り返し考えたものでございます。

外から来る手紙類は、かならず一度消毒所に廻され、消毒済の印を押して持ち込まれるのですが、奥の人（典侍、掌侍）の分は、中の口の上り段の所にずらりと並べて置いてあります。それを私たちが行き来のついでに持って来て、各自の座文庫の上に配って置きます。ある時、

「これはどなたからまいりましたのですか」と、渡された一通の手紙を裏返して見た私は、

「叔父でございます」

「でもお名前が違うではございませんか」

「父の弟でございますが、他家に養子にまいりました者で、名前は変っております、ご不審ならどうぞよくお調べくださいませ」

「ああそうですか、それなら結構」

と、万事こういうぐあいでございました。

その下もあった

一昨年〔昭和三十二年〕でしたか、『明治天皇と日露大戦争』という映画を見に参りましたが、映画の天皇は御真影として出ているお写真にはよく似ておられ、また御所内のお廊下などは、お表の御様子と同じようによく似ておりますし、テーブル掛の模様などまでよく似ておりました。それで遠い日の思い出にひたっておりましたが、天皇自ら出征兵にお声をかけられたり、ポケットから出したお金をお渡しになる場が出て来ましたので、ちょっと変な気持がいたしました。

お上のお心持を表わす方法として、用いられたのでしょうし、また、お上としても、そういう機会があるならば、お言葉をかけてやりたいようなお気持も、必ずおありになったとは思われますが、あの時代の制度ではそれはおできになりません。またお手元金などといっても、本当のお手元にお持ちになっているわけではなく、おそらくお上がお金をお持ちになったことはございますまい。お手元金を賜わるとか、重病者にぶどう酒や、御料理などを賜わるといっても、その書付けだけをご覧に入れ、御了解を得るだけなのでございます。

女官の私たちでさえ、直接お金に手をふれることはなく、俸給は皇后宮職で老女たちが受け取り、局で使用した費用も侍女たちが職にいって支払います。御用商人は毎日来ておりますから、入用品はそこで頼みます。また十五銀行からも毎日出張して、銀行事務を扱っておりますので、自分の手にあまり現金を持っていたこともなく、その必要もございませんでした。

毎年、お正月には初荷を、また三月のお雛祭にもいろいろと品物をご覧願うので、各デパートや、御用商人から差し出すものを、皇后宮職の扱いでご覧に入れますが、それについて面白い話がございます。御用でお買上げの品々は、正札の通りの価で納め、高等女官が買う時には一割引、判任女官の場合は二割引で、これが普通一般人への売価とやらききました。

御万那（おまな）は魚の意。陛下が物品を下賜されるときに添えて用いられる

本当のくわしい事実は知りませんが、その差額は、デパート外商部や、御用商人が属官たちに贈るのだとやら、どこに

もそんなことがあるのかも知れません。その贈り高によって、品物をご覧に入れる商人側の順番がきまるのだそうです。品物を幾日かご覧に入れるとあれば、やはり早く差し出したほうがご用も多く、何かと有利だったのだなどと誰からかききました。

お納戸《なんど》金《きん》をお預りしていた命婦のお婆さんたちも、有利な株などを見つけると、それを買うために、一時その内から勝手に拝借したりして、なかなかうまく利用しているとやらもききましたが、道理で立派な控家などを建てている人もありました。

「おたから」と千疋の単位

俸給は普通の官吏なみで、両典侍は勅任官と同じ、権典侍以下権掌侍までは、奏任官なみの百五十円。権典侍は別にお化粧料として、お納戸金の中から百五十円を戴いていたそうです。盆暮のいわゆるボーナスは、官吏として職より出るものは、十五銀行手形で、別にお納戸から出る現金の方は、段紙《だんし》（御所では高かみといった）に包んで、白紅《くれない》の水引が二本かけてありました。

双方あわせると、九百円ばかり、衣裳費は相当入用でしたが、お下り品もいろいろ戴きますし、物質的には相当恵まれておりました。

白紅の水引というのは、白赤ではなく、青光りする昔の口紅を使ったもので、一見黒のようにさえ見えます。御所ではこれ以外の水引は使用されなかったのです。

二本というのは、水引が二本ではなくて、御承知のように水引は普通五本の紙よりを一まとめにしてできているのですが、それを一本ずつに離して、その二本を使うのですから、水引が二本あれば、五人前の包みに使用できるわけなのです。

それは昔皇室のたいへんな御衰退時代に、物を倹約する意味で始められたのが、風習として残ったとか承りました。

高等女官のうち私たち内侍仲間が一番お人好しだったのか、俸給ばかりを大切に使っていたわけで、お化粧料をうける権典侍は倍額の収入なのに、皇后宮様の供奉《ぐぶ》はありませんから、かえって服装費はすくなく、下っぱの内侍は一番たいへんでした。供奉だといえばいつも同じ洋服というわけにもいかず、装身具だって人なみには必要なのです。

しかしただ、長いお転地中の供奉を仰せつかれば、本俸の外に一日六円の出張手当（奏任官の出張手当）、一ヵ月百八十円下ります。

ですが汽車は御料のお召列車ですし、出張中の賄を全部商人に支払っても、本俸は皆残りますから、相当のんびりした生活でした。

女官たちは、お金のことを「おたから」と呼んでおりまして、普通ちょっとした手当（チップ）は千疋《びき》といって二円五十銭、大体それを単位のようにしている風習でした。お内儀から出るお金は、陛下から賜わる時にも、千疋単位で表わしますから、金一万疋などとあると、何か大変なお金のように考えられましょうが、二十五円なのです。公卿《くげ》でもこの習慣があって、私たちは小さい時から知っておりましたが、世間一般には珍らしいかも知れません。

おいしかった細長い魚

世話子から、世話親に対して盆暮にするお礼というのは、どうもみな同じことに定まっておりましたようですが、お盆は千疋の目録の外に、何か品物がありました（これは忘れました）。暮は千疋のお金と、鱈《たら》が二尾（まるのままです）ときまっておりまして、老女の使いで御世話親に差し上げます。すると今度はやはり千疋のお金と、鱈が一尾、「これはお世話親さまから進ぜられます」という挨拶で、また老女が持ってまいります。同じ局におりましても老女が相手の使となりまして、本人たちは顔をあわせた時、「有難う」というばかり、ちょっと面白いようでございます。

生家《さと》の方からは、京都の産物などを贈り、侍女たち全部には反物を一反ずつやっておりました。産物といいましても考えつくのに困ったらしうございます。

「これは誰様のご生家からまいりました」

と、いって、女官全員にくばる方が、お世話親の顔もいいようでした。京都上賀茂名物の「すぐきの漬物」なども、四斗樽を送らせた人があるとやらいいましたが、これはたいへん好評だったそうで、何が気に入るのかなかなかわかりませんのです。

病気静養で、平河町の控家に下っていた、新樹典侍（高倉）が全快して出られた時のことでした。

「これは今日お上りの高倉さんから、進ぜられました」

と、すごく細長いお魚が七尾ばかり、お盆にのっておりますが、私はまだ見たこともないものです。その夕刻一度だけこのお魚が焼いて食膳に出ましたが、割合おいしく、珍らしいお魚だと思いながら戴きました。

他の人たちも皆珍らしいといって、なかなかの好評でした。今考えますと、なんとこれは、「さんま」というまことにお安い、大衆向のお魚でございましたのです。

鋏にも使い方がある

お内儀での事柄は、何でも昔からのいい伝えや、風習を守り続けられているのが多かったようですが、後には何かと外国からの輸入もあって、何かちぐはぐな感じのこともございました。

たとえば、明治時代にも皇后宮様がお用いになったお化粧品などは、巴里《パリ》ピノア会社の肌色でクリーム状の白粉、口紅も今の棒状の物とほとんど変りません。香水なども皆フランス製をご使用になっておりました。ところが女官たち、特に年輩者は厚化粧で、濃いおしろいに、青光りする昔の口紅を使っておりました。私などはよく申しわけ程度の化粧で出てまいりまして、

「もう一度やりなおしていらっしゃい」

などと注意を受けたりもしたものでございます。

いつの世でも、年輩者と、若年者とでは何かと考えの喰い違いがございましょうが、あれ程までの大昔の風習では、なかなかなじめませず、今思えばつまらぬ心労もございました。

それで思い出しますのは、いつもお用いになるタオルなども、二枚続きになったままでたくさん一時に上りますので、一枚ずつに切り離して、使用する時便利なように、内侍たちが整理するのでございます。ところが、昔風の小さい日本鋏ですこしずつ切るのですから、その長くかかることといったら、気の短かい者にはとても我慢ができません。ちょうど私のやっていた時、通りかかった山茶花内侍（日野西）に相談しますと、

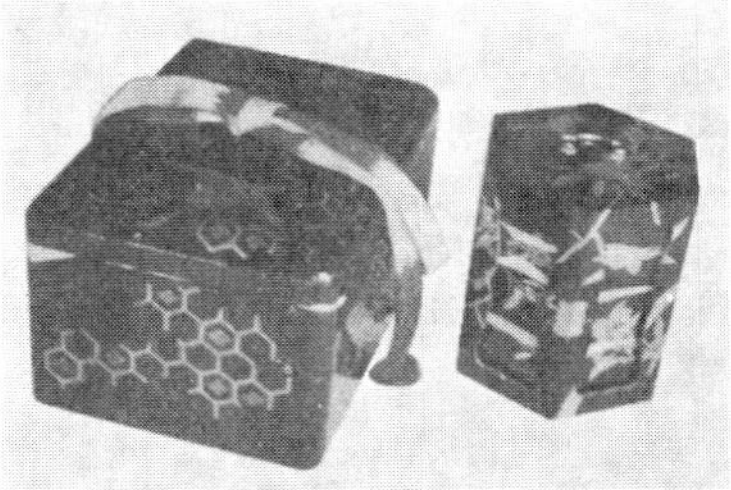
右は明治天皇御料（中山二位局献上のお重)。左は昭憲皇太后御料（旅行用お化粧品入れ)

「ああ、ラシャ鋏を上げさせましょう。あれなら重ねたままでもすぐ切れますね。他の人に見つかるとまたうるさいから、私たち二人で承知して使いましょう。さっそく仲使《なかづかい》にいいつけておきますわ」

といってくれました。仲使というのは、判任女官で皇后宮職との連絡をする人です。これでやっとすくわれて、便利に使っておりましたが、ある時人もあろうに、一番気むつかしやの若菜内侍に見つかり、

「それは、何でございますか。御料のお品を切るのに、勝手な物を持ってきてはなりません」

と、大目玉を戴きました。

「恐れ入ります。実は私はこの小さい鋏を使いつけませんので、手が痛くてできませんでしたから新らしいこの鋏を、仲使から取りよせました。ご相談なく勝手なことをいたしましましたのは、お詫び申し上げますが、でためた物を使ったのではございません。これを切るための専用にここにしまってございます」

「どうも若い人たちは生意気でいけません」

「これからは気をつけます」

その後幾月か過ぎてからのこと、ふと御休所にまいりますと、若菜内侍がその鋏を使いながら、

「よく切れて便利だこと」と、独語《ひとりごと》しながら、例のタオルを切っております。出会ってはまずいと思って、知らん顔で外を通りましたが、その後はおたがいに何もいわずに、皆がこれを使っておりました。

局に出た幽霊

大勢の中にはいろいろの性格の人もありますが、この若菜内侍は、相当の変り者

で、あの時分四十五、六の働き盛りだと見ていましたが、今から思えば更年期か何かで、ああもヒステリックであったのかも知れません。

何事にも極端な性質で、人の言葉も真っすぐには受けられず、人も苦しめ、自分も苦しんでいるといった気の毒な人でした。神経痛のためと、大食家の肥満とで、立居がだいぶ不自由らしく見えましたので、時には見かねてそっと手伝って上げたりもしました。自分の機嫌のよい時は、

「本当にありがとう、おかげで助かります」

などと人なみのご挨拶なのですが、虫のいどころの悪い時には、

「どうせもう私などお役にはたちませんよ。そんなにちょこちょこ出てきて、働き振りを見せなくとも、あなたはお役にたちます」

など、意地の悪い言葉に、さわらぬ神に祟《たた》りなしと、誰もが敬遠しておりました。

ある時などは、暗い食堂外の縁側に一人つったって、

「こん畜生、どうするか覚えていろ」

と、あられもない言葉に、食堂から出かけた私は、何ごとかと透《すか》して見ますと、痛む自分の足を、ぱたぱたと力まかせにたたいています。

これは誰かが、自分をうらんでついているのだから、それを払い出すのだと、いっ

ていたそうで、若かった私たちには、誠に不思議な世界でした。

「うらんでついた」ので思い出しました、いとも変なお話を一つ。

ある夏の夕暮のこと、詰所で一しょだった山茶花内侍が、突然、

「今日はあなたどうかしやしたな、お顔色が変よ。またお生家《さと》が恋しくなったの」

と、尋ねかけました。

「いいえ、そんなことじゃございませんが、近頃何か局で寝るのが……」

「ああ、あなたもやはりあれを見たの。白い着物を着たお局さんね」

「はあ、実は私箱枕という物が初めてで、なかなか寝つかれず、やっと眠るとよく枕が倒れるので、髪がこわれますから、『またお枕が』などとふきにいわれます。だからあの白い人を初めて見た夜は、早蕨典侍さんがご不浄にでもいかれて、枕をはずした私に、注意でもして戴いたのかと、思いました」

「でもあの人の通る場所が変でしょう。そしてその時、気分は何でもありませんか」

「はあ、私はよく眠っているつもりなのに、突然、変に胸さわぎがして目をあけ、床の上にすわりますと、枕元の縁座敷（畳の廊下）から、枕元を通り抜けて隣室との境にある、あの小さいよし屏風の向こうに行きます。それから後は知りませんが、ただおかしいのは、あの屏風を動かしたとも思いませんのに、どこを通って行くのでしょ

うか。しかし通ってしまうと何かしら用事が済んだように思えて、また床に入りますが、一昨夜で三回続きました。特にこわいとか、気味悪くもないのですが、また今夜も起されるかと思うと、何か憂うつな気になって」

「私も、その通りのことに二回であいました。初めは夢と思ったのですが、二人が同じ夢をたびたび見ることもないでしょう。今夜はお仲間さんには、気分が悪いからといって、宿直をあなたとかえて戴きますから、あなたは奥でおやすみなさい。そのお話は私が早蕨典侍さんにくわしく伝えましょう。ですが、あまり他の方々にはおっしゃらないでね」

「では今夜はそうお願いいたします」

　翌日になるとまた山茶花内侍が、

「今夜からは大丈夫だそうですから、安心して局でおやすみなさい」

「それはどういうわけなのでございますか、やはり早蕨典侍さんでございましたの」

「いいえ、あのお話をしたら一瞬さっとお顔色が変りましたのよ。そしてさっそく代拝をたてて御祈禱《ごきとう》をいたさせますから、もう大丈夫ですとおっしゃいました」

　私は何が何やら、さっぱりわけが分かりませんでしたが、再びそんなことは起こりませんでした。

局の建物は前側が廊下でつながっているのですし、戸締りというものがありませんから、誰がどこに行くことも自由ではありますが、まさか、夜中に他人の局に入る人もありますまい。

だとすれば、一体あれは何であったか、今でも不思議な気持に変りはございません。

幽霊とか、人の怨霊《おんりょう》などを信じる心は、昔も今も私にはすこしもありませんが、後にきけば、その日老女が、柳島の妙見さんとかいうお寺に参拝して、何か祈願《きがん》したとやら。

常日頃から、私たち若い者には理解のできぬ事柄も多く、うっかり「なぜこういたしますの」などと、いおうものなら、「学校出は理くつが多くって仕方がない。ただそうすればよろしいのですよ」と、何でも頭ごなしでした。信仰心のない私などは、毎月妙見さんに各自の老女を代拝さして、ありがたい御封とやらを戴く、その心理状態は一番わかりにくうございました。

医者の特権

男子禁制の局へ、公然と出入することのできる男性は、お医者さまだけでした。

ある日、私は宿直をすまして局に帰りますと、すこし咽喉に痛みもおぼえますし、いくらか風邪気味かしらと思いながら、侍女に話しますと、

「ちょうど、ただ今早蕨典侍さまのところへ、侍医頭《じいのかみ》様が見えておりますから、お帰りにおより願いましょう」と、いいます。

「それほどでもないけど、ついでだからみて戴いてもいいね」

診察の結果はやはり風邪で、

「後刻、誰かにお咽喉をやかせましょう。お薬もその時、持参いたさせます」

と、いう話で、私は横になって、うつら、うつらしておりますと、

「ご前、ご前、○○がお咽喉を焼きにまいりました」

「あら、天ぷらがきたの。あんな人、私の部屋に入れないで、お薬だけ受け取っておき」

「ご前、そんな大きなお声を遊ばしては困ります。すぐ襖の外におりますのです」

ふうん仕方がないなと、部屋へ入ってもらって、やいて貰いました。

これは、自然の原理なのか、女ばかりのお内儀では男性に人気がありますし、また女官の方の許しがなければ、道理もとおらぬ世界ですから、女官に対しては見えすい

たような、ご機嫌取りをやる男の人もあったようです。

この時、咽喉をやいてくれた医員は、侍医頭の腹心でもあり、早蕨典侍のお気に入りでしたが、侍女が主人に仕えるようなあの態度、いつも油ぎって、てかてかしたその顔、からすの羽根のように黒い毛を、ぴかぴか光らせた美しい頭など、何もかも私はきらいでした。天ぷらというあだ名は、誰がつけたものか知りません。後になってから、

「ご前、あの時は汗が出ました。もしや早蕨典侍さまのお耳にでも入ったら」

と侍女にいわれて、「ごめんごめん」と私は笑いつづけました。

お医者さまといえば、私の出た時分におられた侍医に、男としては珍らしいほど小柄な柏村さんという侍医がおりました。たいへんよい腕の方だったそうですが、ある夜手の指をねずみにかまれ、それが原因でついに亡くなられました。

その報をきこし召されたお上は、

「いくら小さいといっても、ねずみにかまれて死ななくともよかったのに」

と、仰せられましたが、お口数のすくないお上がこうまで仰せられたのは、本当に可愛そうなことをしたという、思召の現われでございます。

樫田博士と美談

この人に代って出たのが樫田〔十次郎〕博士、電気療法の大家だとききました。あの頃の侍医は、御所内の人だけは診察しますが、自宅では患者を扱わない規定のようでございました。

その時分、皇后宮職の属官をしておりました人で、むかし有名な書家だった人の子孫とかいう方がおりました。ある時たいへんひどい神経痛にかかり、歩行も困難なくらいで困っておりましたが、治療ばかりに専念するほどの余裕はもとよりございません。これをきいた樫田氏は、

「行って見てあげるわけにはいかないが、家に来られるなら、無料で治療してあげましょう。ながくはかかるかも知れないが、必ずなおります」

と、力づけました。しかし、毎日通うとあっては乗物代もたいへんで、いろいろ思いなやんでおりました。それをさっしたこの人の息子は当時東大の学生だったのですが、父親をおぶって博士の家に行き、学校からの帰りにまたおぶって帰るというぐあいにして通い続け、とうとう全快いたしました。

いくら昔とはいえ、明治も終りの時代です。若い大学生にとっては相当の忍耐だったでしょう。あの頃はやはりあの頃なみに、若い者は生意気だとか、親孝行する人がないとかいわれたものですが、この行いに対しては博士も感動され、ずいぶん長い間面倒を見られたとか、本当に美しいお話と思いました。きくところによると親もまた、子供たちだけには充分な教育をと苦心したのだそうでございます。

女官の行楽

外出は馬車で

　女官は毎日毎日、長い廊下を行き帰りいたしますし、出勤後も広い御殿内をあちこち歩きますので、運動不足はないのですが、直射日光に当ることのない生活なので、何となく皆青白い顔、それに厚化粧で豪華な衣裳、いわばお人形のような感じなのです。と言うとたいへん美しいようですが、皆々あまりに血色がよくないので、折があれば陽に当るようにと、侍医たちのすすめもありましたし、自分たちもなるべく外に出て見たいとは考えておりました。

　親の祥月命日以外には、公然とした休暇がございませんので、宿直明けて局に帰って休む時間に、吹上御苑などのお外庭を拝見にいくこともありましたが、それとても皇后宮職へ報告して、判任女官や仕人もついて来るので、呑気にふらふらと出あるくようなわけにもいかず、やはりなかなか面倒なので、年に一、二回くらいしか行きま

霞ケ関離宮にて（後列右より三人目が著者）

せんでした。

ただ、十月〔実際は十一月〕の陸軍大演習には行幸があって、一週間ばかりお留守になりますので、お内儀の方は自然ご用もすくなくなります。すると皇后宮様から、おたがいに代りあって遊びに行ってもよろしいとのお許しが出ますので、浜離宮とか新宿御苑、赤坂離宮、芝離宮などと思いおもいに出かけます。

こんな場所へ行く時には、洋髪で出かける人もありましたが、もうその時分にはあまり用いることのなかった模様の掻取りといって、赤や、黒、紫などの縮緬に、総刺しゅうした丸袖（一般には元禄袖とよんだ）裏は緋の羽二重という華やかな物の掻取り姿で、そぞろ歩きすることもございました。

往復はもちろん宮内省の馬車を拝借するのです。しかし幾回も同じ場所に行くのもつまらないと、忍び（普通一般の日本服）で侍女だけ連れて、方々へ出かける人もございました。

新参者は何でも別扱いにされるのが常で、まだその夏上ったばかりの私だから、当分は外出などできないものと諦めていましたが、どこにいって面白かったとか、珍らしいものを見て来たとか、いろいろの話が耳に入れば、「やっぱりどこかへ行って見たいな」などとも思うのです。

するとある日、高倉典侍が、

「明日は私の控家（病気などの時に下るためで、常は留守居だけ住んでいた）は平河町のお祭りですから、どこにも行けないあなたと、他に若い女嬬（判任女官）二、三人をお客にお招きします。家来たちの手料理でお気には入りますまいけれど、十分ご馳走をして差し上げるようにと申しつけました。皇后宮様へはもとより、お世話親様にも、お仲間たち（権掌侍）にもお願いしてありますから、安心してゆっくり遊びに来てください。お馬車の拝借も申し出てあります」

と、突然の思いがけぬあたたかい言葉に、

「はあ、有難う存じます、どうぞよろしく」

と、ただ夢中で頭だけ下げた私でした。この話が早くから出ていますと、お新参などはまだ早いとか何とか、いちおう邪魔の出るところだと思われたからでしょう。何ごともよく気のつく女官長でした。

はじめての芝居見物

たしか帝劇が初めて出来た時のことでございましたが、両陛下の行幸啓を願うつもりで、玉座も作り供奉の人たちのための貴賓室はもとより、おとう（お便所）も御所の通りに、高麗べりの畳を入れた黒塗りのまで作ったのでございますが、おいでになりませんでしたので、せめて側近者の人たちにでも、見てもらいたいという話がありました。

折からお上は、大演習でお留守中、「交代で行って見たら」と、皇后宮様のお言葉に、それではと半分ずつ交代で行くことにきまりました。

どうせ身元がよくわかっているのですから、変な姿をして行くよりは、かえって洋装の方がよろしかろうときまりました。だがお雇だった私は、油でかためたお雛様のような髪をしていますから、これで緋の袴や、総模様の掻取りなど着ては、かえってこちらが見物されに行くようなものです。それで皆と相談して、洋髪に振袖ときまりましたが、出仕した時の着物は、「こんな物を残しておくとまた、お嫁にでも行きたくなるといけないから、早く生家へ返しておしまいと、早蕨典侍さまにおっしゃられましたので、もう京都へお送りいたしました」とのふきの話で、仕方なく、小池さんが戴いて持っておられた徳川実枝子さん（有栖川《ありすがわ》姫宮）のお振袖を拝借して、仕度はできあがりました。

いよいよ馬車が帝劇に到着しましたので、席順におりて行きますと、ちょうど私が皆の真中位を歩いていることになります。

出迎えの西野専務に案内されて、玉座を仔細に拝見し、そして隣りの貴賓席に納まりました。両脇には判任女官や、属官たちなどがずらりとならんでの観劇に、一般の人たちは何ごとかとじろじろこちらばかり見ております。

まだあの時分に大人の洋装はまことに珍らしく、御所関係以外では、外交官夫人くらいが着ていたように思われます。

お芝居は「紙治《かみじ》」〔心中天網島〕だの、三浦環のオペラなどと古いもの、新らしいものの交り合いでした。

係の人が来て、あの紙治になっているのが誰とか、芸者になっているのは誰などと、いろいろ説明をしてくださいましたが、予備知識のない私はあまりよくわからず、ただただ美しい色彩だけに見とれておりました。今までに芝居見物をしたのは数えるほどでしたが、このような形の舞台を見たのは初めてで、室内装飾といい、ずっとなならべられた椅子席もまだ本当に珍らしく、新らしい好みであったらしうございます。

お芝居がすんでの帰りがけ、案内された廊下を皆があるいていきますと、真ん中のお振袖が姫宮様だと、方々からがやがや騒いでいるのが聞えて来るので、おかしくて仕方がないのですが、笑い出しては大変と、ぐっとこらえて誇らしげに馬車に乗りました。

帰ってから、着物だけは間違いなく姫宮さまのものだといって、皆で笑いましたのです。

新聞に出なかった浅草事件

年輩の人たちは、お暇さえ願い済みになれば、誰の干渉もうけないで、自由な場所に遊びにいけるものですから、名所見物といいながら芝居見物にいく人などもあったようです。

ふるっているのは、だいぶ派手好みの二人が料理屋にいって芸者をよび、どんちゃん騒ぎをやったのが、侍女たちどうしのふとした話から、女官長の耳に入ってお目玉を戴いたとやらいうこともございましたが、私たち若輩はどこそこへと、行く先まできめられて出かけるのが常でした。それでもたまの外出はうれしくて、いそいそと出かけたものでございます。

私が出仕してから二、三年後のことだったと思いますが、両国の国技館に菊人形ができているという噂で、それを見物に行くことを願いましたら、方々へ歩きまわらなければよろしいでしょうと許されましたので、若い判任女官四、五人と一しょに出かけることにいたしました。

余り人目についてはと、普通の日本服を着たのですが、乗り物はやはり馬車を拝借しました。

前にもちょっと書きましたが、私の出仕した時は、お目見得から採用と決定までに、三ヵ月もかかりましたので、一時京都に帰ろうかと思いましたが、本人は東京に滞在して日々の行動は充分つつしんでいるように、との申つけを受けましたので、初めて上京した世情にも暗い私一人を旅館におくわけにもゆかないと、両親も滞在していましたが、旅館住居の所在なさに市内を見物して歩きまわりました。

ある日私が、

「今度は浅草という所にまいりましょう」といいますと父は、

「あそこは上品な人のいく場所ではない」と、いってつれてまいりません。「充分行動をつつしんで」というのが身にしみてでしょうか、興行物や、料理屋などにも一度もつれていかれませんでした。

人の噂に聞くと、浅草は面白そうな場所と思えますので、何かよい機会があったらなどと思っているうち、御所に上ることになりました。

それでこの忍びの外出も国技館だけに行ってもつまらないと、ついでに浅草見物を思いたって、他の人に相談しますと、若い連中ばかりなのですから、みな文句なく賛成しました。

浅草ではお寺にまいって、附近の見物までは何のこともなかったのですが、六区の活動写真館（映画館）の前に馬車を止めさせて、ちょっと入って見ようか、見まいかなどと相談していますと、いつの間にかあたりは黒山のような人だかりなのです。考えて見ればそれもその筈。あの時代に、ご紋章のついた馬車が、活動館の前に止っているのですから。さすがの私もこれには困って、降りるわけにもいかず、残念ながら車を両国へと進めてもらいました。国技館でも馬車のまわりはずいぶん人だかりになりましたが、中に入ってしまえば別にたいしたこともなく、時々はじろじろと見る人もありましたが、楽しく見物して帰りました。

「菊人形って面白うございましたか」

と、問われて、

「はあ、たいへん美しく、いろいろの形に出来ていて、面白うございました。おかげさまでゆるゆる見物してまいりました」

と、答えただけで、浅草の件は誰にも話さなかったのです。一しょに行った人たちはもちろん心得ておりましょうし、馬車を動かす主馬寮の人々も、どうせ足馴らしのために毎日馬に乗ったり、馬車を走らせたりするのが役目で、侍従職の連中が使えば手当も出さないそうですが、女官が拝借した時は、お弁当も、心付けも出すので評判がよいときいていましたし、女官と直接に話しすることなどはありませんから、ばれる恐れはないと知らん顔で通しました。

翌朝出勤しますと、

「三千子さん、昨日のことが新聞に出てますよ」

と、いわれて、はっと驚いた私はさっそく開いて見ますと、「いずれのやんごとなき方々やは知るによしなけれども、お忍びで菊人形を見物されて、主催者側もよろこんでいた」との記事が眼にうつりました。一生懸命に他の部分もさがしましたが、浅草の事件はどこにも見当らないので、ようやくほっと一安心。

ちょっとでも映画館に入っていたら、たいへんなことでした。車を止めただけですから、もし万一知れるようなことがあっても、何とか申訳は立つだろうと、思っておりました。

ある、若い侍従に、茶目坊とあだ名をつけられましたが、これは適切だったようです。

次ぎ、清と忌服

やかましい次ぎ、清の区別

御所では、常日頃から次ぎ、清《きよ》という区別が誠にやかましく、両陛下のお身に直接ふれる品、たとえば、お食器、御衣服類は大清《おおぎよ》といい、お道具類などは中清といっております。

お食器類は、両陛下別々の模様がついておりまして、何もかも専属ですから、たとえ皇太子様でもこれはお使いになれないのです。もちろんその他の皇族方は皆、臣下あつかいでございました。

また身体の上下にも区別をつけて、下半身をお次ぎとよびます。

陛下がご入浴の時、お背中などを洗ったりする上のお世話は、権典侍や、内侍が、お下の方は命婦のお婆さんがお世話申上げ、最後はたくさんのお掛り湯を上げてから、白麻の二枚かさなったお浴衣を（縫目を内に入れて合せるので裏表のない袷のようなもの）いま一人お供している、権典侍または内侍が、お肩からかけますと、それでおふきになるのです。お顔はお湯殿ではお洗いになりません。

女官たちもまた各部屋で、そのようにして入浴しますから、やはり侍女は二人付いておりました。こうして着物と同じ形の物で拭けば、足を拭いた物で手や肩をふくというようなこともなく、いつも同じ部分でふくことになります。もっとも陛下のは、一度よりお使いになりません。そんな習慣ですから、足袋や靴下をはけば、そのつど手を洗わなければなりませんし、靴のはきぬぎもまたなかなか面倒なことでございました。

女官たちは承知しながら物を踏んだり、またいだりするような不作法は誰もやらないのですけれど、お召の時などは急ぎますので、新聞などをひろげている人のそばをかけぬけたりした時、ちょっとでもさわろうものなら、「ああ、お次ぎさんにしてしまって」と、思いもかけぬ癇癪《かんしやく》声に出会うので、踏んだはずはないがと思っても、「お許しあそばせ」とあやまるより方法はないのでした。

自分たちの寝る布団や、局で用いる座布団などもお次ぎにしないというわけで、寝間着も掻取りも裾を長く引いて、足をくるんでいるのですが、寝てから後のことは、知らぬが仏でしょう。

淋しい忌服中の生活

忌服《きぶく》ということは、明治七年、太政官布告で定まっている、「実父母又ハ遺跡相続ヲナス養父母ハ忌五十日、服十三ヵ月、其他ノ養父母ハ忌三十日、服百五十日」などというように、肉親の者が亡くなると、喪に服して、すぐ宿下りをしなければならないのでございます。

東京に生家のある人はそこへ行けばよろしいのですが、遠方の人のために下《さが》り所という場所があって、一、二人の家来をつれてさっそくここへ移るのです。私も勤中に弟が亡くなって、十日間ここに過しましたが、一度ここへ持って行った物は、いっさい常の局には持ち帰れない規定なので、うっかり何も持って行けません。ただ八帖一間の縁近くに机をおいて、何か読むくらいのもので、編物などと考えましたが、持って帰れなくてはしかたがないのです。常日頃の時間時間と思ういそがしさとは打って変った、あまりにも用事のなさ過ぎる手持ぶさたな生活なので、これではまたかえってつらいようにも思われまして、肩のこらない本や雑誌などを読みあさるのが、日課のようでございました。

附添っている侍女も、常の局には帰れませんから、やはりここの次の間で寝起きしていました。日ごろ局では、侍女と親しそうに話もできないのですが、そこは若い者同士、誰の目もなく呑気なので、はじめの一日二日は、世間話や、雑誌の評判などしていましたが、人里はなれたようなこの場所で、両隣の局には誰もおりませんし、夕方から夜にかけては何となく、薄気味悪くさえ思えることもございました。

すぐ前に見える紅葉山くらい歩いてもよさそうなものとは思いますが、誰かに出会いでもすると、「まあ、服者のくせに出歩いて」などと、さぞうるさいでしょう。かといってよそへの外出もできず、何だか座敷牢にでも入れられたようで、まったく気のくさくさする明け暮れでございましたが、付いていましたのが東京生れの若い侍女なので、普通の局では喰べさせてくれない、牛肉のすき焼や、お刺身などを取りよせてくれますので、まあそれだけはよかったなどと思った時もございました。

ここで過したある日の夕暮、またまたさびしい夜が来るのかと、障子を開けて空を眺めていますと、思いもかけず、英語のお通弁をしている北島以登子さんが、自宅への帰り途に、そっと廊下までたずねてきて下さいました。

「いかがですか、ご退屈でしょう。ここにお出のことを今日はじめて伺ったのですが、人に見つかると面倒と思いましたので、退出するまぎわならもう大丈夫だろうと、ちょっと伺いましたよ。おさわりもございませんか」

「有難うございます。おかげさまで」

と、言葉すくなに答えましたが、人気のない下り所の幾日かに、心さびしい折からでもあって、何だか久しぶりに会った懐しい人のような気がして、思わず涙を浮べました。

その後の奥のご様子など、こまごまと話して下さいましたが、

「もし万一にも、人に見つかるとうるさいから帰ります。お体ご大切にね。またお目にかかりましょう」

と、立ち去っていかれました。私も廊下に出て、無言でいついつまでも見送っておりました。

折がおりとて大分感傷的になっていたのではございましょうが、後から後からと出る涙に、侍女の手前、きまりが悪くてしかたがありません。しかし後になって見ると、これがこの人との最後の出あいでございました。

除服出仕後、聞けば病気で静養されているとのこと、気になりながらも、ご用の忙しさにまぎれてお見舞いもせずに過すうち、明治四十五年の正月ついに亡くなられて、再会の日は再び参りませんでしたが、あの廊下をおいおいと遠ざかって行った後姿が、いついつまでも瞼のうちから消え去らないのでございました。

たいていは除服出仕といって、忌服の半数で出勤を許されるのですが、その知らせが到着すると、身を清めるのがまたたいへんで、まず下り所の風呂に入って髪も洗い、この時ぬいだ着物は、全部すててしまうのだそうです。次に廊下をへだてた向こうの部屋で（下り所ではない局）いま一回入浴、洗髪の後、常の局に帰ってきます。それからはいつもの通り、化粧をすまして出勤ということになるのですが、短時間に幾度か着物をきたりぬいだり、いま考えても誠にややっこしい話でした。

この時しじゅう附き添っていた侍女は、生家は本郷でその近所では有数の金持の一人娘であったそうです。じゅうぶんの仕度をととのえて、ただ行儀見習にきていた者なのですが、顔形とも誠に美しく、年は二十歳でした。お正月など、高島田に紋付姿でひかえているところは絵のようで、誰の目にもつきました。ですから用事があって皇后宮職などにいくと、属官たちがじろじろ見るとかいって、たいへんいやがっていたのだそうです。そんな娘ですから、炊事をしたこともなく、下り所ではときどき珍妙なお料理を喰べさせてくれました。後には東大出の秀才を養子に迎えたとやらで、若い侍女たちの羨望のまとになっていたようです。この人は早くに母親を亡くして祖母に育てられたので、やはり他人さまのご飯をという昔かたぎから、お局なら素行の間違いだけはないと、安心して出したのでございましょう。

夏の日の思い出

落雷

両陛下ともずいぶん汗をお召しになるようでしたが、夏は特にお嫌いではないらしく、どちらにもお出になりません。ただ皇后宮様は雷がたいへんお嫌いでございましたので、すこしでも鳴り出すと、お座文庫の上にじっとおうつむきになっては、後は風炉先屛風をかこって小さくなっておいでになります。するとお上が、お隣りからおのぞきになって、

「ああ天狗さん。小さくかたづいているな」

などと御冗談をおっしゃっていますが、

「誰かお側にきておあげ」

とのご沙汰で、内侍が伺っておりました。

ある日の夕方のこと、篠つくような夕立ちと共に、止む暇もなく鳴りつづける雷。

昭憲皇太后御料（夏の模様と帯）

お屋根がみな銅ぶきなので、雨のはね返しも強く、すさまじい景色でございました。その時、

「雀さんお召ですよ」

との声に、何ごとかと驚いてご前に出ますと、

「今どのへんで光っているか、見ておいで」

とのお上のご沙汰で、お縁側に出ました。

元来、私も雷は大嫌いなのですが、ここには避雷針もじゅうぶん付いておりますから、落ちる心配はないと呑気に空を見上げました。そのとたん物凄い光と共に、頭の上にでも落ちたかと思われる恐ろしい響きに、思わず身を伏せましたが、

「あのへんから右へ向かってななめに強く光りましたから、御所のどこかへ落ちましたように存じます」

と、申し上げました。するとご前にいた典侍さんが、

「いい加減なことは申し上げるものでございません」

と、いわれましたので、仕方なく「はい」とうつむいていました。すると、

「まあいいよ。まだ子供だから、思ったままをいうのだ」

とのお上のお言葉に、ただ一礼して詰所にもどってまいりました。

しばらくすると、「ただ今の落雷は賢所の杉の木で、大木が二つにさけましたが、その他に異状はございません」との報告が上りましたので、私の考えとあまり違わなかったと、何となくほっとしたものでございます。

世の中に雷の好きな人もないでしょうが、女官のうちにはたいへん嫌いで、半病人のようになる人もあり、ことにひどかったのが松の命婦で、すこしでも鳴り出すと、日頃の勝ち気はどこへやら、真っ青になって脳貧血を起こす癖さえありました。それでも、自分の担当のことだけはやらなければと、頑張っているので、ほんとうに気の毒なように思っておりました。

本の虫干

毎年、梅雨上りの晴れつづきをえらんで、ご本類の虫干がおこなわれます。お上の分は、お表で扱いますので、たしか内舎人《うどねり》（男の奏任待遇）が整理するのだと伺いましたが、お内儀からも出して廻すものがございます。

お表の方は、一段ひくい場所にありますので、だいぶ階段をおろさなければならないのです。それには長い廊下を一つ一つ運んでいてはたいへんなので、「橇《ずり》」という物にたくさん載せておろすことになっておりました。「橇」というのは一枚の板に片方だけ桟をつけて、その桟に真田紐《さなだひも》を通し、それを引張るのですから、一人で相当のお品を運んでも、わりあい骨が折れません。

これは本ばかりではなくたいていな品物、たとえば置物、棚飾などのお道具類から、植木鉢、火鉢など、その大きさによって「橇」の方も大小さまざまの物がありましたから、適当なものをえらんで用いるのでした。

大きい物は普通の雨戸一枚くらい、小さなのはその三分の一くらいであったように記憶しています。それがあまり人目につかない場所ではありましたが、ずらりと立てかけてあった有様は、ちょっと風がわりな存在でした。

お湯殿や、お物置に行く廊下などは、じゅうたんといってもわりあいにお粗末ですから、まだ引きやすいのですが、毛の長い立派な敷物ほどすいついて、なかなか骨の折れるものでした。ことに、階段をおろす時はこつがあるので、初めの内はお品物を落すまいと、体で受け止めたために、向こうずねをしたたかに打って、泣き出したいようなめにもたびたび出あいました。

皇后宮様のご本は昔、英照皇太后宮の御休所だった一画に、蚕棚のような物を幾つとなくならべ、その上にひろげて一週間くらい風通しを行います。これは主として小池掌侍が、御道具掛の人たちを助手に整理しておりましたが、だいたい一ヵ月くらい続いたようにおぼえております。

毎日、皇后宮様が御所のほうへお出になりますと、女官も皆お供して行くので、御休所は人気のない場所になってしまうのですが、当番によっては、御休所でいろいろとして置かなければならないご用もあるのです。けれども初めのうちは一人で行くのが何となく寂しくて、気味悪く思えましたが、このお虫干のある間は、中庭一つへだてた向こう側の雨戸もあいて、整理をしている人影もちらちらと動いて見えますので、まことに心強くうれしかったものでございます。

朝顔

夏になると、朝顔の鉢植えがお縁側にずらりとならぶのです（お入側より一段低いお雨戸の外）。これは御機嫌伺いに出られた中山栄子さん（中山一位局の妹で、内侍の扱）や、旧女官で引退した人などが献上したものだったように思います。赤、白、紫、しぼりなどと、色さまざまに咲き揃ったところは、なかなかに美しいもので、お上もときどきはお縁座敷からご覧になっておりました。毎日お昼頃になると、内侍が交代で水をかけることになっていましたが、ある時、角《つの》の長いその手桶をさげて、私が水やりをしようとしました時、お上がお立ちあがりになって、お入側へお出になるのが眼にうつりました。

御前を通る時には、ひとまず膝をついてご会釈申し上げるのが習わしだったので、腰をおろしたまではよかったのですが、立ち上って前に進もうとした時、風にあおられた敷物の蒲《がま》が少し持ち上っていたのです。それに気づかなかった私は、つまずいて持った手桶を投げ出したので、着物から袴まで水びたしになってしまいました。

後になってお上が、

「な、天狗さん、今日は大そう暑いな。だからさっき雀が水あびをしたよ」

と仰せられました。皇后宮様は何もご存じないので、「はあ」と、けげんなお顔を遊ばしました。

「あの朝顔にやる水を、雀があびたのだよ」

と、おっしゃったので、皇后宮様もホホ……とお笑い出しになり、そのきまりのわるかったこと。

以後、朝顔の花を見るたびに、思い出したものでございます。

西瓜

近頃は夏になると、どこの果物屋にも八百屋にも、たくさんの西瓜がならんでいて、たいていな人は喰べるようですが、もとは関東地方では余り好まぬ人もあったようにきいておりました。御所の人たちはだいたいが京都生れのせいか、皆たいへんな西瓜好きでした。両陛下にはときどきアイスクリームに入れて差し上げるくらいで、そのまま召上ったのを拝見しませんでしたけれど、女官は毎日のように西瓜をたくさん戴いたものです。

直径六十センチもあろうかと思われる大皿へ、山盛りにしたものが二つくらい、例の「橇」に載せて、御座所近くのお縁座敷まで命婦が運んできますと、「どなたさまも西瓜をお戴き遊ばせ」と、声高にふれて歩くのです。手のあいている人からつぎつぎに行って戴くのですが、こまかい氷が惜気もなく入れてあるので、よく冷えていてなかなかおいしうございました。その時、各自が取り分けて入れる大きな浅いどんぶりを西瓜茶碗と呼んで、いつも人数だけ用意してそばにつけてございました。

「いくらでも好きなだけ戴いてよろしいのです」と、聞きましたが、私は子供の時から、あまりたくさん喰べさせられなかったので、ちょっと不安に思いながらも、おいおいたくさん戴くようになりました。初めのうちはあんなにたくさんの西瓜を、どうするのかしらなどと思って見ておりましたが、結構、皆からになってしまいますのには驚きました。

これが御前なので、例の二つ折になって喰べなければならないのです。もし食堂ででも戴くのだったらなどと考えましたが、これもお慰みのうちとあれば、止むを得ないのです。

お局さんなどといえば、実に優しくて、大きな口もあかないくらいに、世の人は想像していたのではないかと思うのです。あまり人に知られて名誉ではありませんけれど。

年中行事

公式の御行事は種々の記録にも残り、また世の中にも広くつたわっておりますから、ここでは公式でないことを主として書いて見ることにいたしました。

毎月一日は旬祭といって、賢所《かしこどころ》にお祭りがございます。お上がご直拝遊ばすことになっておりましたが、御都合で侍従が御代拝することもございました。これがおすみになるまでは「お清い事」といって、生理日に当った女官は、お上のほうには出られませんから、その当番は誰かと代ってもらって、命婦詰所の辺か食堂などで待っているのです（皇后宮様のほうはさしつかえない）。

これはだいたい十時には終わりますので、「お清い事とかせられました」と、おふれが出ると、それからは皆、各自の詰所に出てきて、後は平日の通りになります。

一月

元旦

正月元旦は特別早く「おひる」（起床）になって、四方拝をおすませになり、七時には晴の御膳といって、両陛下おそろいで御膳におつきになります。

お上は、大元帥《だいげんすい》の大礼服、皇后宮様も大礼服に宝冠章御佩用《ごはいよう》、ダイヤモンド入りの御冠をおつけになり、御首飾もまた燦然《さんぜん》と光っております。お腕輪やお指輪なども常のお品とは違った豪華なもので、大礼服にはツーレン〔トレーン、引き裾〕といって、幅は二ヤール〔ヤード〕くらい、長さ三ヤールほどの裳《も》をつけておいでになります。お手には象牙彫りの大きな扇を、お靴はすべてお洋服と同じ色の繻子《しゅす》張りでございます。女官もまた皆同じように、織物の大礼服に腕輪、扇を持って出勤してきます。

朝の御膳は、儀式のことですから常とは違って、お品数も何やかといろいろ多く、お焼がちん〔一六六頁参照〕や俗に雌蝶、雄蝶とよばれているあのお銚子で、お祝酒も召されるのです。この日は何もかも特別なもので、いつもの当番制によらず、各仲間ともにだいたい上席の人たちが、大礼服でお配膳申し上げておりました。

宿直明けの人も、今日ばかりは常のように休むわけには行かず、着替所で礼装となってすぐに出てまいります。

御膳が下ると女官長から席順に、高等官だけ全部そろって、両陛下に御祝儀を申し上げますが、こういう時は特に整然として、一列に席順通りならんでいませんと、お気に入らないようでございました。この祝詞が済むと、出御まで一休みで、皆ほっとして食堂などで一息入れます。

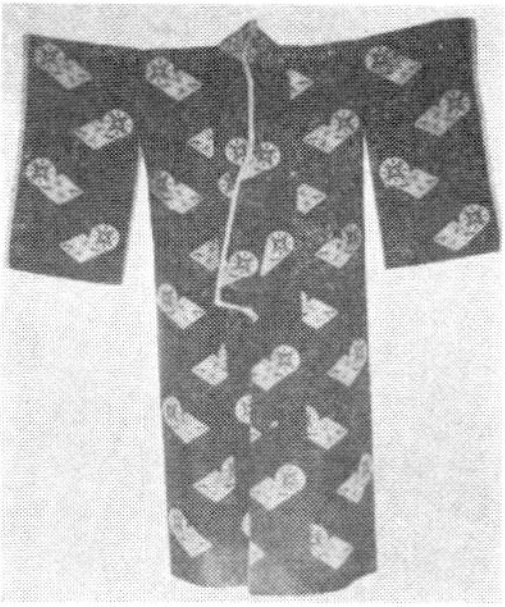
内侍大礼服（袿衣）

この時分にはようやく明るくなって、皆の顔もはっきりと見えてきますが、電燈とは違って暗い燈火の下で、しかもろくろく寝る間もない位にいろいろと、元日のための仕度がいそがしく、ことに早番などは五時に出勤しますので、四時頃には起きなければなりませんから、ねむさはねむし、大急ぎのお化粧ですから、誰の顔もみなぶちまだらけで、おたがいに顔見合せて大笑いするといったこともありました。

この日は外国使臣や、高位高官の人たちに拝謁があるので十一時には出御を願います。

皇后宮様は一足お先に千種《ちくさ》の間までおいでになって、ここでお上の出御をお待ちになり、御一しょに正殿へお出ましになるのですが、お表へお出になってからはこの長い御裳を、学習院からえらばれた、六人の可愛いい少年の手に奉持されることになっておりました。その少年たちの服装は、短ズボンにまっ白の長靴下、制服と同じ紺びろうどの帽子を背にした、誠にスマートで美しいものでございました。

女官もまた各自、大礼服にやはり長い裳をつけて、腕輪をはめ扇子も持ちますが、冠はある人とない人とがありました。この裳をお廊下などでは細く折りたたんで、左の腕にかけて歩きましたが、お部屋の中ではいつも引きずっているのです。

この出御のお供には、だいたい各仲間で上位の四、五人がいたしますから、他の人々はお昼の入御まで、まず一休みといったところです。

私が出勤した翌年のお正月のことでした。

「三千子さん、あなたにはまだ少し無理かもしれませんが、手不足で仕方がありませんから、このお裳をお持ちして、千種の間までお供申し上げて下さい」

と、若菜内侍からいわれました。まだ千種の間がどこを向いているのか、正殿がどの見当なのかすら、すこしも分からないのです。

近頃ようやくお内儀のことだけには馴れた私でした。しかも今日はまた着馴れない

織物の堅い袿《うちぎ》など着せられて、自分だけの身動きさえ何か調子が違うのにと、すこし心配でした。すると、

「お表へは幾段もの階段をお下りになりますから、お裳を後に引くようなことがあっては大変です。一定のゆとりを取って、皇后宮様のお歩きになるように歩調を合わせて、お供申し上げて下さい。お裳奉持のお子さんにお渡しすれば、ご用済みですから」

と、そばからも注意をそえられました。

「私、お表はちっとも存じませんが、一人でこちらに帰れましょうか」

「行くとき通った所を、帰ってくればよろしいのですよ」

と、いわれて、ともかくお供申し上げることになったのです。なにしろお年を召しておいでになるから、お裳を引っ張っておつまずきにでもなったらたいへんと、そればかり考えてお足元を見つめておりましたが、まずまず無事に千種の間にお着きになりましたので一安心。

　さてお内儀に帰ろうとして、ああさっきここを右に廻った、すこし先を左に曲ってなど考えながら歩くうち、どこで間違ったか、とんでもない広い所に出てしまいました。来る時は下ばかりに気を取られていたので、いくら見廻しても、見覚えのある所

などはあろうはずがありません。ともかく方向だけは分かっているつもりで、そちらに向かって行けば、何とかなるだろうくらいに考えて歩きました。しかし、もうお上の出御もまぢかのことですから、どちらを見ても人影さえなく、静まり返って不気味なくらいです。ともかく階段をのぼればよいのだと、すこし上りかけると、ガチャリ、ガチャリと佩剣《はいけん》の音と同時に、多勢の人の足音がして来ます。ああ、お上の出御らしい、お目に止っては面倒とお杉戸をあけると、小さな物置のような物が目につきましたので、そこへかけこみました。ところがそこはお表のおとう（便所）だったのです。

　息をころして待っていると、やがてしだいに足音も遠ざかったので、そっとあけてのぞいて見ると、遅ればせにお供をして来た慈光寺〔仲敏〕次侍従と顔をあわせました。瞬間、先方は驚いたような表情で、

「こんな所へ何をしに来られました」

「はい私は皇后宮様のお供申し上げて千種の間からの帰り道、お内儀に行くのが分からなくなって困っておりますと、出御なので、どことも知らずにとび込みました」

「ハハ……道理で変な場所でお目にかかりました。お内儀ならそこをのぼって、右に折れて」

と、くわしく教えて下さったので、ようやく帰りましたが、後にそのお話をして仲間たちから笑われました。

御昼食後は少し略式のお洋服に、御装身具も全部おかえになって、再びまた出御、皇族方はじめ内地重臣たちの祝賀をお受けになって、四時頃からやっとおくつろぎになるのでございます。

御供の女官は交代しますが、両陛下は一日中なかなかおいそがしく、ご夕食後はお弓の間というお食堂の後のお部屋で、一同がお盃を戴くことになっておりました。これで一日の行事は終ったわけでございます。

元始祭

三日は元始祭《げんしさい》、賢所では八百万《やおよろず》の神々をお祭りになるいろいろのお儀式があるのですが、元日のように朝拝などはなく、お内儀だけの特別の催しはなかったように記憶しております。

新年宴会

両陛下とも御礼装で十時には出御、国内の高官や、華族、軍人その他、地方官の代表者等に、お料理ならびにお祝酒を賜わります。

お内儀でも一同にお料理を戴くのですが、平付けという足なしのお膳にいろいろと、普通一般の昔風な高級料理がついていて、主食となるものはお焼がちんです。内容はどれも同じですが、勅任官の人（女官では高倉、柳原両典侍だけ）に賜わるものだけは、お口取りがしま台に載っていました。お焼がちんとは白い丸のお餅を平にのした十五センチくらいのものの中に、小豆で色つけした菱餅を重ね（どちらも焼いてある）その上に細い牛蒡《ごぼう》のやわらかく甘く煮たものを入れ、白味噌を載せて白いお餅の方を外側に二つ折りにしたものを、美濃紙に包んであります。これがお祝のお餅なのです。

皆一しょにというわけには参りませんから、おのおの仲間が交代して申の口で戴くのですが、命婦のお婆さんが二人くらい前にすわっていて、お祝酒を酌んだり、こうしてお戴きになるものですと、世話を焼いております。戴くほうは一人で、それにまだこんなことに馴れない私などは、そばにいてじっと見ていられると、何となくぐあいの悪いもので、そうむしゃむしゃと喰べるわけにもゆかず、ちょっと箸をつけたまま挨拶して、立ってきてしまうようなしだいです。しかしせっかく思召で賜わるのですから、心安く食堂ででも戴けるようだったら、どんなに有難かっただろうと思いました。

日頃は各自その仲間の人だけにより挨拶をしない（世話親は別）ことになっておりますが、こういう時には皆にお目出とうございます、お祝酒有難うと、二十数回も頭をさげ、そしてお料理のほうはちょっとお顔を拝見するだけとは、また変った習慣だと思われました。

毎日こんなに連続した緊張のうちにも、またいろいろの面白いお話もあります。お内儀ではお正月の三日間は、ねずみ、箒《ほうき》、坊主、という言葉を用いないことにして（これは冗談なのですが）これをいうと、皆がはやしたてて笑うのです。

ねずみは私たちの見る場所にはおりませんし、坊主もあまり縁がないので、だいたいは箒だけが問題になるのです。常日頃から時間がやかましいので、何でも手っとり早くことを運ぶ習慣なのです。それで宿直の前夜には自分の箒は、お掃除をする近くのお縁側などに運んでおきますから、これが一番笑いの種になるのでした（不用の時は食堂の後のぬれ縁に、各自の名前

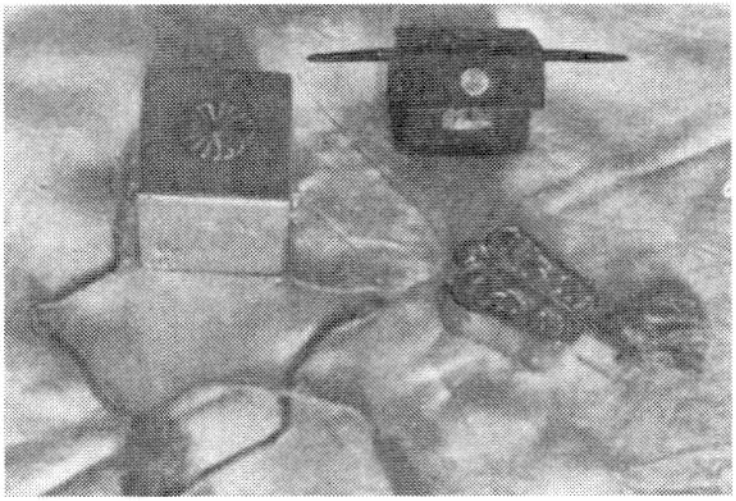

ボンボン入
（宴会などで参会者に賜わるもの）

をつけたものが順にかけてあります)。みつからないように、合番の人の箒をそっとかくしておくと、

「あら、私の箒どなたか間違えてお持ちになったかしら」

などと言います。また、たずねるほうは注意して、

「私の大小(箒とはたき)持っていって下さいましたの」

「ああ箒ならあちらに」

というあんばいで、それを聞きつけるといあわせた人たちが、みな手をたたいて笑うといった、常には見られぬ朗らかさでした。

明治四十五年は(お上が数え年御六十一歳)子年に当りましたので、暮の内から鼠の形や模形の物が何かと、世の中にもたくさんありました。皇后宮様は新しい御用品の鼠の牙彫(象牙細工)を暮の内に御休所のお書棚に、お飾らせになりました。その鼠が稲の穂をくわえた姿が、いかにも上手に出来ているので、御休所へお供をするたびごとに私が何かと申し上げて、批評をしておりました。すると元日の夕刻のこと、御休所でお召替を遊ばしながら、

「あの新らしい棚飾ね、まだ箱書きがしてなかったはずだから、都合で書かせておいてもらいましょう」と、なにげなく仰せられたので、

「ああ、鼠の棚飾の箱でございますか」と、お答え申し上げました。皇后宮様はホホ……とお笑いになっているので、思わず、

「あらお人の悪い皇后宮様」

と、申し上げると、御そばの人たちは皆でどっと手をたたいて喜んでいます。日頃はすましておいでになる皇后宮様も、時にはこんなおいたを遊ばしました。

お歌会始めその他

一月はその他にも、お講書始め、お歌会始めなどとお揃いでの出御もたびたびで、またお上は陸軍始めの観兵式にも御統監遊ばすなどと、この行事は両陛下はなかなかお忙しいのですけれども、お内儀だけでの特別のお催しごとはなかったように思っております。

これはお正月だけとは限らないのですが、年末、年始、天長節または御慶事などというおもだった事柄のある時に、女官同士のかわす挨拶、いわゆるお局さん独得の言葉も一興かと附記して見ます。毎日朝晩に顔を合せている、いわば内内の人たちなのですが、その時だけ改るのはちょっと変な気がして、若い私などは何か面はゆく存じました。

挨拶「御機嫌よう、いよいよ、御揃い遊ばしまして（両陛下のこと）何の何の御中分さまも（何のお障りも）あらせられず、御機嫌よく成らせられます（おいでになる）御事有難く忝《かたじけな》く存じ上げます。いよいよ宮々様にも（親王内親王）何の何の御中分さまもあらせられず御機嫌よく成らせられ有難く忝ながに存じ上げます。いよいよ早蕨《さわらび》の典侍さまにも日々御気丈さまに（お元気で）お勤めの御事、目出度くおよろこび申し上げます。（これからが用件）昨年中はいろいろと一方ならぬお世話さまになりまして有難う存じました、また本年も変りませずなにとぞ宜敷《よろしく》お願い申し上げます」と、いうのでございます。

手紙のときもこれと同じようなことを、候文で書いたものでございました。

また、新年の勅題で全国各地から奉った和歌は、選ばれた数首だけが、お歌会の席で披露され名誉ある選歌となりますが、万民が心をこめて差し出したものですから、集った歌は一応ご覧にいれることになっておりました。

それらの歌は華族、士族、有勲者、有位者と区別して、お歌所でとじます。その他一般人のものは、府県別にしてまとめ、ご覧願うために上ってまいりますが、さすがお歌好きの皇后宮様でも、いちいち御覧になるのは大変ですから、変った歌、上手な歌と目ぼしいものを選んでから、ご覧戴くわけで、小池掌侍がお預りして、行李に入つたまま「橇」に載せて、幾日かお弓の間においてありました。こんなにたくさんあっては、小池掌侍としても一時に目を通すのは大変です。私たちが詰所におります時、

「このうちから珍らしいのをよって下さい」と、頼まれます。

心得のない私などはよくわからないのですが、何やかと評しながら手伝ったりしました。このように、皆が面白そうに語り合っていることが気に入らなかったものか、ある日若菜内侍が、自分の仰せつかった御用をするのだから、お弓の間をすぐ明けてほしいといい出しました。

双方の機嫌のよい時なら何の問題もないのですが、お酒が入ると気の荒くなる小池掌侍のことですから、

「ああ、お邪魔でございますか。これだってご用でやっているのですよ。しかし、のけよとおっしゃるならいつでものけます」

「ええ、皆きれいにのけて下さい」

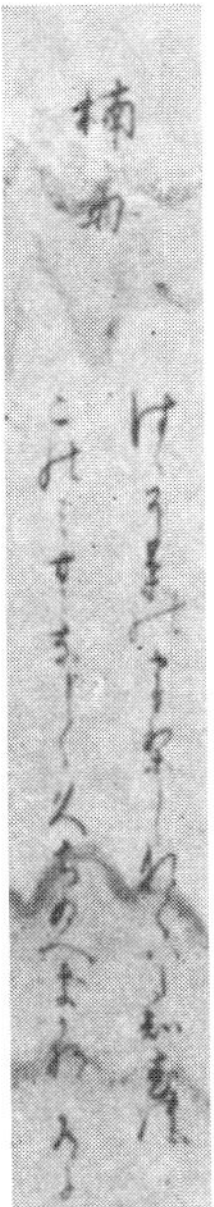

小池掌侍筆

と、だんだん声が大きくなるので、もしや陛下のお耳にと、私たちも気が気でありません。お手伝いいたしますからと、早くおさめようと思いますが、

「まだまだ私だって、こんなものに皆様のお手は借りません」

と、たいへんなけんまくで、柳内侍〔小池掌侍〕は「橇」を引きますが、もう年輩ですし至極小柄の上、足もともいささかあぶないのですから、何としても動きません。あっけにとられて見ていた私もおかしくて仕方なく、ついには中の口まで逃げ出しました。その後他の人たちが、仲に入って収めましたが、よその人からは想像もできない景色でしょう。

二月

紀元節

十一日は紀元節、朝早くから賢所で御祭典がありまして、御親拝になったこともあり、また御都合で侍従と女官が御代拝にまいることもあったように記憶しております。

お内儀でも一日中、「お清いこと」といって御神事になりますので、生理日に当れ

ば出られませんし、また一番寒い季節なので年輩者のかたは風邪を引く人が多く、ある年など仲間で健全だったのは、昼顔内侍と私とただ二人だけになってしまいました。いそがしいとも何とも、いくらかけ歩いても二人で七人分の仕事をするのですから、何としても追い付かないのです。見るに見かねて、姉小路権典侍がときどき手助けに来て下さいました（他の権典侍ではご用が分かりません）。

このような御神事には、洋装でなくみな織物の袿に袴なので、なおさら働きにくいのでございました。休む間もないくらいに動きまわって、どうやら一日を過し、「お清い事とかせられました」との知らせで、引籠っていた人々が出て来た時分には、もう体中くたくたで頭もぼんやりしてしまいましたが、この時はお上から、特別の思召で両人にご褒美を戴きました。

この日は終日御祭典がつづき、夜も遅くなりますので、「お夜ふかし」といって十時過ぎに、お雑煮や、おしるこなどが出来、陛下も召上りますが、女官たちも好みによってどちらでも勝手に戴けるのでした。

毎年一月なかば頃から皇后宮様は沼津にお出になっておりましたが、この御祭典がお済みになるまでは、やはり御格子に（就寝）なりませんからお夜ふかしには、「かき雑炊」などが出来、珍らしいので皆がよろこんで戴きました。

み霊《たま》さま

御幼少で薨《こう》ぜられた皇子、皇女の御霊を祭ってある「み霊《たま》さま」という場所へ（皇霊殿とは別にお内儀にあって、仏教の家なら仏様に当るのでしょう）毎月お日柄《ひがら》（命日）には、白木のお三宝にのせたお食事をお供えいたしました。御八束《やつか》の上へお供えするのは内侍の役でしたが、命婦一人と御膳掛一人を連れてまいることになっておりました。

常にはたれ一人いない、ぽつんと離れたこの場所で、召上る時間をお待ちするわけなのか、三十分ばかりは無言の行をつづけているのでございます。物音一つないこの静けさ、かさこそと散る木の葉にさえも身の引きしまる思いで、何となく不気味なところでございました。

三月

春季皇霊祭

表向きの行事としては、春季皇霊祭がございます。これは現在の春分の日にあたり、この日皇霊殿に御直拝遊ばすときと、また御代拝をお向けになることとございました。御内儀ではやはり御神事で、紀元節などと同じようでございます。

三月三日

ごく内々のお催しとして、三月に入るとお雛祭りを遊ばします。皇后宮様の謁見所《えつけんじょ》（応接室）にお雛様やいろいろの人形をならべ（普通の家では幾段もの高い所へ飾るのですが、御所では段上には上げません）、そのお入側や、お廊下には方々のデパートとか、御用商人たちから差し出した、棚飾置物、呉服類、または装身具などといろいろ陳列しておきます。節句の当日は両陛下で御覧になるのですが、何分たくさんの品物や、それに種類も多く、なかなか複雑なので、命婦のお婆さんが指図して判任女官や属官などにも手つだわせて、二、三日がかりで飾りつけを済ますのでした。

この謁見所は申の口よりだいぶ皇后宮職の方に近く、陛下のおいでにならないときには、判任官の人たちも自由に出入ができることになっておりました。

品物がならべ終りますと、デパートなどに自由に行くことのできない私たちは、早くそれが見たくて仕方がないのですが、悠々と見物して歩く時間などはもとよりございませんから、食事に行くときや、着物を着替えに行く途中などにわざわざ廻り道をして、ちょっとでも見に行くのでした。すると必ずどこかの仲間の若い人が来ているので、「まあ、あの着物のいいこと、断然気に入った。こちらの帯も素敵」などと、別にこんな物を着る時はないのですけれど、そこは女同士、つまらぬおしゃべりについ時間を過してしまうので、食堂では大急ぎ、うがいを使うのさえそこそこに、席にもどったりしたものです。

当日はおそろいで謁見所へおいでになって、お二方様で何かとお話しになりながら、いろいろとお手にお取りになったりして、常には滅多に拝見できない御くつろぎ方で、皇后宮様もニコニコ遊ばしながら、御棚飾や、種々のこまかい細工物、お人形や、友禅縮緬などとたくさんの御用品があります。お供申し上げている女官たちにも、何か気に入った物があったら求めるようとの御沙汰で、皆が思いおもいに、私はこれを求めましたとご覧に入れると、それを何かと御批評になったりして、如何にものどかな一日なのでした。こんなこともお慰めの一つだったのです。

まだ、本官にならなかった私は、いつも別扱いで、誰も何ともいってはくれません。自分からはどうこうというわけにもまいりませんし、何かにつけてお雇さんは半人前という言葉さえあるくらいで、とかく新参者はわけへだてされているのですから、そんなことにはもうだいぶ馴れて来て、別に苦にもしていなかったのですが、そ

の日の夕暮れ、

「お上がお召ですよ」

との典侍さんの声に、何ごとかと御前に出て手をつきました。

「いつも花が（陛下のご愛犬）世話になるから、花からの進物だ」

との仰せで、紫矢絣のお召を戴きました。

品物は、ただ、お召一反なのですが、その思召のほどを伺って、まだ若かった私も思わず、「はっ」と頭を下げました。奉仕中でもあの時ほど感激したことはあまりございません。

四月

神武天皇祭

四月三日、賢所で御祭典があります。これがおすみになるまでは、お内儀も御神事でお清いことでございました。

御直拝のない時は、御代拝がたちましたのも、やはりいつもと同じでございます。

この行事は広く世間でも知っている通り、外国大公使およびその夫人、国内高官などをご招待になって、桜の下で立食を賜わる一種の国際的な園遊会でしたが、大体二十日過ぎ頃、八重桜の咲く浜離宮で催されておりました。

この日のためには皇后宮様のお洋服のご新調や、御装身具との調和などと、御服装のことを担当する御用掛の人は、なかなか頭痛の種のようでございました。

カタログはすべてフランスから送られてきていましたが、やはり何といっても一番よくおにあいにならなければいけません。今のように専門のデザイナーなど、日本にはまだない時代で、婦人洋装店もすくなく、生地類はたいてい輸入品でしたから、よほど早くから考えておかなければならないし、裁縫師も直接おそばに出られないのですから、仮り縫を召して戴いてからもよほどこまかく注意して、ピンなどをさしたらしく、そうたびたびお願い申し上げるわけにもいかないのでなかなか大変なようでございました。

供奉女官もまた、各自の服装に心をくだいて、あれこれとたいへんな騒ぎです。こんな時には、いずれ長く勤めて物ごとに馴れた女官長や、どの仲間でも古参の人がお供申し上げるのですが、二、三ヵ月も前からやはりカタログ相手に、洋服や装身具の選定などと、いろいろの話題で賑やかなことでございました。

五月

五月五日

五日のお節句には、常々御休所へ飾ってお置きになるいろいろのお人形類に、京都の道喜（菓子屋）から取りよせられた粽《ちまき》が上げてありました。近頃は東京にもいろいろの粽がございますが、もとは柏餅を主に使ったようでございます。この日は食堂にも粽や、お柏などが出ておりまして、勝手に戴きました。

この粽を納める道喜に就いてのお話ですが、昔宮中が大変なご貧窮時代に、お正月のお餅は必ずこの道喜が献上いたしましたのだそうで、そのとき着用いたしましたのが、かちん色の上下《かみしも》といいましたので、それから後いつの頃からか、お餅のことをおかちんといったとかききました。

地久節《ちきゅうせつ》

五月二十八日は皇后宮様のご誕生日ですから、中礼服をお召になって宮内官等の祝賀をお受けになります。午後は各宮妃殿下にお内儀謁見所で御対面遊ばし、御祝詞をお受けになったようにおぼえていますが、何にしてもごく内輪だけで、外からの御祝辞は、お車寄《くるまよせ》に備え付けの帳面に記名されたものを、ご覧に入れるだけであったと記憶しております。皇后宮様は御自分だけのことはあまり派手に遊ばすのをお好みにならない方でございました。

六月

お梅ほり

中旬の日曜だったと思いますが、例年お梅ほりというものが行われました。それはようやく色づきかけた梅の実が、赤坂離宮や、霞ケ関離宮などの梅林から集められてまいります。どれくらいあったものか、ちょっと想像もつかないのですけれど、ともかく相当たくさんのものでございました。それを大きな台に載せて、御座所正面の御縁側（入側の外で一段低くなっている）まで命婦が運んできます。

お庭にはもう判任女官一同が集まって、お待ちしております。これを例のお隙見といって、障子屏風の切った所から、両陛下がご覧になるのです（障子屏風とは、細い縦しげの障子でできた屏風ですから、あまり暗くはなりません）。

全部の用意ができあがりますと、命婦たちがお庭に向かってこの梅を勢よく皆なげます。それを我さきにとあらそって、判任女官の人たちが拾うのですが、投げたものといっても全部芝ぶせのお庭ですから、すこしも疵はつかないようです。

そして拾ったものは皆その本人が戴きますが、そのお礼とでもいうつもりか、皆でかくし芸のおどりや、手じなをやってご覧に入れます。また民謡などを上手に歌う人もあり、食堂の子供たちも袴の股立《ももだ》ちをきりりと取って、鉢巻姿もりりしく詩吟、剣舞、などとなかなか立派にやりますので、なみいる私たち一同は皆やんやと、拍手をいたします。

この日のために、誰も彼も人知れず心をくだいて、いろいろと稽古をするのだといっておりましたが、御用の暇を見てやるのですから、随分たいへんだったのだろうと存じました。

それが終ると、その人たち一同がくじ引で、いろいろなお品を戴きます。空くじなしなので、いずれは皆が戴くのですが、お婆さんが緋縮緬や、お人形を引いたり、またそれを羨しそうに眺めている子供たちの顔がおかしいなどと、私たちが噂しているのを、そばでおききになった両陛下も、面白そうにお笑いになったりしておりました。これなどもまたお慰みのうちの一つでございましょう。

七月

七月になるとお庭の燈ろうに火をお付けさせになりました。これもお上のご沙汰によってつけるのですから、毎日とは限りません。もう、うす暗くなる時分から火を入れますので、蛇などを恐れた若い命婦たちは、長靴ばきで出かけます。洋服を着ている時はともかくとして、袿《うちぎ》や、掻取《かいど》り姿では何ともかっこうがつかない妙なものでした。しかし形よく繁った松の木々、その間をぬって点々と浮び出す燈ろうのともし火は、もの寂しいまでの静けさで、実にえもいわれぬ風情でございました。

また毎年お盆には、皇太子両殿下を始め、各皇族方、その他の人々からも提灯を献上する習わしで、これをお縁側にずっと吊すのです。

その内お化け提灯と呼ばれて、たけが四尺くらいもある大きな岐阜提灯がありましたが、これは確か例年有栖《ありす》川《がわ》宮からご献上になるのだとおぼえておりました。皇太子両殿下の物を中央にして、あとは大きさや模様のぐあいによって配合するのですが、「お化けはここへ」などと仰せになりながら、お上もお入側まで出てご覧になるようなこともございました。

　ともかくたくさんならんで灯の入った時は、実に素晴らしい美しさ、また賑やかな眺めでもございました。これは取り止めるとご沙汰のあるまで毎晩火をつけます。そのうちちょっと変っているのは、両親のある高等官の女官だけがお盆にはお提灯を献上する習わしで、七月十五日にはその人たちだけで全部の提灯に火を入れるのでした。

　当時、両親持は、昼顔内侍と私だけで、命婦の人にも一人二人いたように記憶しています。十五日のお火入れがすむと、その女官だけにご褒美として、袖入れ（緋の塩瀬《しおぜ》に刺しゅう模様の紙入）と御所人形を一つずつ各々に賜るのです。そしてまたたくさんのお料理

袖入れと御所人形

も戴くので、一同にお裾分けすることになっておりました。

その当時は何とも思わず、いわれる通りにやっていましたが、今から考えると、ずいぶん変った風習や、面白いこともなかなかあったのでございます。

九月

秋季皇霊祭は主として皇霊殿のお祭で、春季皇霊祭と同じでございます。

十月

神嘗祭《かんなめさい》

十七日、この日は世間でも知っている通り、その年の新米を神々にお供えになる儀式が賢所でおこなわれ、お内儀でも終日御神事となるので、さしつかえのある人は奥に出られず、ご神事がとかれるまで局に下っております。

やはり御直拝のときと御代拝のときとがございました。

十一月

天長節

十一月三日、今日は皇后宮様の「おひる」も常よりお早く、女官は皆中礼服着用で出勤します。大礼服のように長い裳はつきませんが、絹織物の華やかな服装です。まだ御雇だった私は、黒地縮緬に華やかな総刺しゅう模様のある着物、緋の精好《せいごう》の袴でした。若い判任官は模様の着物に平絹の緋の袴（普通には何でも緋袴といわれていますが、高等官でなければ精好の袴をはくことはできなかったのです）。そのような装いで一同が、常より早く出勤いたします。

御朝食をすませられたお上は、大元帥の大礼服とお召替えになって、青山練兵場（今の明治神宮外苑）で行われる観兵式謁覧のための行幸があります。今日は第一公式の六頭立お馬車での御出門でございます。

出御道まで御見送りの皇后宮様も、豪華な御礼装を遊ばしております。昔から天長節は必ずといっていいくらい、雨の降ったことがないとかで、皆が天皇日和と言い伝えておりました。

たしか私が出た翌年だったと思いますが、朝からの雨降りで、なかなか止みそうにも見えないものですから、今日は観兵式もご中止だろうなどと噂しておりますと、そのうちおいおいに空模様がよくなってきて、九時頃には陽が照りはじめ、御出門の頃には雨あがりの秋空が、ひとしお澄みきって、その心地よさは何にたとえようもありません。

「ああ、やはり今日も天皇日和でございますね」

などと、誰からともなく言い出しましたのを、今もおぼえております。

十一月といいますと、もう肌寒いような時もございましたが、天長節の謁兵は明治四十四年の秋まで、お元気で行幸になりました。

この観兵式もお若かった時分は、いつも御乗馬で謁兵遊ばしたのだそうでございますが、お年を召した明治の晩年は、お馬車に召されていたのだそうでございます。

それについて思い出しますのは、年をとった米田《こめだ》〔虎雄〕侍従がお供をいたします時、お上が、

「あれももうだいぶの年だから、今度は馬車で供をするようにといってやれ」

と、おそばの侍従に仰せられました。それを承った侍従がさっそく電話いたしますと、昔かたぎの米田侍従は上意とは知らず、

「老いたりといえども、この米田はまだまだ壮健ですぞ。お馬車などとは以っての外」

と、がんがん怒っているので、

「実は、お上の御沙汰で、年よりはあまり無理をさせないように馬車で行けという思召です」

と、伝えますと、ちょっと一瞬電話がとぎれましてから、

「ははあっ、有難い思召で」

と、申しました。おそらく電話口で最敬礼をしておりましたことと想像いたします
と、若い侍従が言上していたのをききましたが、何につけてもよくお気のつくお上でございました。


この米田侍従については、いろいろの思出話がございます。明治天皇が崩御《ほうぎょ》になりました時、始終、お枕もとにおいでになりました皇太子殿下（大正帝）が、お水をおあげになるのに、勝手がおわかり遊ばさないのか、ものおじしたようにぐずぐずしておいでになりました。御縁座敷でこのご様子を拝見していた米田侍従は、「殿下」と、一声叫ぶと同時に、すっくと立上り、後から殿下のお手を持って、お上のお口へ水を差し上げました。各皇族、各大臣以下なみいる人々が皆、「はっ」としてこの様

子を見ておりました。

また大正天皇の御代には、言上があまり長くなると御退屈で椅子からお立ち上りになるので、それをふせぐために、後からお上着をしかとおさえておりましたとか、何をしても誠意から出る頑固さで、誰からも好感を持たれ、本当に気概のある痛快な人でした。

お上がどこへ御出になった時でも、お帰りには、還幸の御注進といって、第一の御先駆が玄関に到着すると、お内儀へ通知がまいりますから、お出迎えの用意をするのですが、二重橋におかかりになる頃、儀仗兵の吹く「君が代」のラッパが、かすかにお内儀までも聞こえてまいります。すると御愛犬「花」がこれをききつけて、す早く出御道までかけだし、一番にお迎え申し上げます。お上がお渡しになったお手袋を口にして、ちぎれるばかりに尾をふりながら、いそいそとして、皇后宮様にお渡し申し上げるのが例でございました。その可愛らしい姿といったら、今でもまだ目の前にちらつくようでございます。

還幸後は、皇族方はじめ内外使臣をお招きになって、大宴会が催されます。お内儀でもまた一同が、御祝のお料理を戴きました。

お火焚

昔はたいへん儀式ばったもののように伝えられているそうですが、私の知った時分は、ちょっと変わった風習だと思うくらいのものでございました。

まず内側が銅張りでできた立ち流しの低いような台の上に、長さ二十センチくらいのごくごく細く割った薪を、交互に井桁《いげた》のように積み重ね、それに小さなお鳥居を四方から立てかけるのです。別の白木の台には、御神酒《おみき》一対と、蜜柑、饅頭がたくさんお供えしてあります。

両陛下がお出ましになると、火打石から薪に火をつけ、そして燃え上ったところに、蜜柑と饅頭を投げこみ、最後に御神酒をつぎ込みます。火の消えるのを待って、焼けた蜜柑や、饅頭を取り出して皆で戴くのですが、火の燃えている間中、

「御霊《ごりよう》どんのお火焚のうのう、蜜柑、饅頭ほしやのうのう」

と、皆ではやし立てているのでした。

誰も彼もがはやすのですから、馴れてしまえば何でもないことなのですが、若かった私は、どうもきまりが悪くて仕方がないので、もじもじしていますと、皇后宮様までが、

「お蜜柑が戴けないよ」

などと御冗談をおっしゃいますし、面白半分に皆からも、さあさあと催促されて、止むなく口だけ動かしてなどおりました。

京都の御所は場所の関係から言いますと、御霊神社は産土神《うぶすながみ》というわけになりますから、おそらく昔京都でおやりになったのが伝えられて、ずっと行われてきたのであろうと存じます。普通は神様を崇めて何々様というのですが、天皇家のお家でございますから、御霊どんというのだと伺いました。

京都辺では、お火焚は神社の年中行事の一つだったようで、やはり集まって来た人々に、蜜柑や饅頭を投げ与えたようでございます。

ですから、子供などはずいぶん遠方からでも、たくさん集まってきたということを聞きました。

観菊会

たしか二十日頃のようにおぼえておりましたが、毎年陸軍の秋季大演習が行われますので、その御統監のために、お上はその地方へ行幸になりますから、一週間ほどお留守になります。

今とは違って皇太子様や、内親王様方も皆別々にお住まいになっており、ときどきのご参内もごく形式的で公のお陪食以外にはごいっしょにお食事など遊ばすことがございませんでしたので、このお留守中に、皇后宮様の思召で内親王様や、皇孫様（今上陛下〔昭和天皇〕や秩父宮、高松宮）を、御招待遊ばし、お食事中もいろいろの御物語りに、楽しくお過しになった日もございました。

また赤坂離宮で催される観菊会も、たいていこのお留守中で、やはり内外人をお招きになるのは春と同じですが、桜とは違って菊作りはなかなか大変なもので、内苑の人々はこの日のために、人しれぬ苦心をするとやら承りました。

ひろいお庭のところどころに、赤白黄と美しくならぶ大輪や、一本の木から数知れぬたくさんの花をつける白菊、黄菊など、絵もおよばぬ眺めなので、外人たちはひとしお喜ぶとか聞きましたが、その用意もまた、なみなみならぬもののようでございました。私たち若年者はこんな日の供奉はできませんので、その前日に拝見にいったことがございます。その時にはもうだいたいの用意は出来ておりましたが、ちょうど内苑頭だった福羽《ふくば》〔逸人《はやと》〕氏が最後の監督にきておられ、苗から育ててここまでにする、いろいろの苦心談などを聞かせて下さいました。

新嘗祭《にいなめさい》

十一月二十三日、このお祭の意味は、一般に伝えられております通り、今年とれた新らしいお米を召上るお祭で、宮中にいろいろある御神事中、一番おもく見られておりまして、なかなか規則が喧《やかま》しいのでございました。二十二日の夕刻から御神事に入りますので、病気の人はもとより生理日に当たった人は、高等官から判任官までの女官全部が、各々その局や、生家に下ってしまいます。

その前にお清い人といって、差し支えのない人ばかりが、入浴して全部新しい衣装に着がえてまいります。この日は誰も皆お雛様のような「中」という髪にして、織物の袿衣、緋の袴という装いで、古代のお局さんそのままの姿です。

夕刻からは、両陛下の日常ご使用になる御召、お夜具類、お化粧道具からお火鉢のようなものまで、およそ持ち歩きのできるものは、御神事用として別に用意してあるものと取りかえるのでございます。取りかえることのできない大きなものなどは、幾日となく拭き清めて切火をいたします。翌二十三日も引続いての御神事で、賢所では御祭典が行われ、一日中お清いことと申しました。

この日に御親拝を遊ばします時は、お上は白羽二重の呉服に赤の大口《おおくち》（緋の切袴）

を召されて御表に出御。第一のお廊下の突き当りにあるお杉戸を開いて階段を下りた所から御輿《おこし》（駕籠）に召して、お内儀御座所前のお庭をご通過、お内庭の御門を開けば御拝道といって、賢所まで真っすぐの一筋道になっているのです。御輿に召されると同時に知らせがまいりますので、女官は皆お庭におりて、お見送り申し上げます。

　御輿をかつぐのは八瀬童子《やせのどうじ》といわれて、京都の八瀬村から召された体格のすぐれた仕人で、その人たちが奉仕することになっておりました。まだ朝霧に包まれたお庭は、うすく濃く緑の木々が重なりあって、うすいベールでもかぶったようです。はるか向こうに遠ざかる御輿を、眼で追う時は、如何にも神秘の国にでもいっているかのようで、崇高とも何ともたとえようのない心地でございました。こうして綾綺殿《りょうきでん》に御到着、東園《ひがしぞの》〔基愛《もとなる》〕侍従や、日根野《ひねの》〔要吉郎《ようきちろう》〕侍従とその日の当番侍従等の奉仕で、第一公式のお装束をお召になってから、賢所へ御拝においでになるのでした。

昭憲皇太后御料（袿衣）

　明治天皇崩御後も同じ八瀬童子たちが、大正天皇御拝の時の御輿をかつぎましたので、ある人が、

「明治のお上はお軀が大きく重かったでしょうが、今上は軽くて楽でしょう」ときますと、

「いいえ重くても、ちっともお動きにならないのでよかったが、今上はひょこひょこお動きになるのであぶなくって困ります」

と答えたとやらききました。

皇后宮様も御直拝を遊ばす時は、御髪をお中にお上げになって、唐織の御袿衣、緋の長袴でやはり御輿に召されて御参拝になります。今のように鬘《かつら》でもお用いになれば、本当にお手軽なのですけれど、そのおぐしを上げるために、その日の当番ときまった内侍は、早くから侍女の頭を借りて、休息の時間を稽古に当てておりました。

皇后宮様はお体もお華奢でございますし、もうお年召でございましたのに、やはり昔からたびたびお用いになったせいか、なかなか重くて邪魔な長袴を召しても、御器用にさっさとお歩きになりますので、本当に驚きました。

女官も賢所へ御供申し上げる時や、また御代拝を仰せ付かりました時もやはり長袴で、袿衣は織も模様も皆きまった昔の大礼服でございます（典侍と掌侍とには、きまった大礼服がございました）。

この日の御祭典は特に長くて、前日の夕暮から御神事に入り、二十三日終日と、翌

朝暁の御儀というのが終るまで続きまして、おすみになるのは大体二十四日の午前二時頃のようにおぼえております。たとえ御拝のない時でも、賢所での御儀式が終るまでは、両陛下ともお目醒めになっておりますから、お夜ふかしといってお雑煮などを差し上げました。甘いこってりしたのがお好みのお上には白味噌仕立、あっさりしたお好みの皇后宮様にはおすまし汁で、女官もおのおの好きなほうを戴いてよいことになっておりました。

女官の食堂には御飯も炊いてありまして、大きな鰤の切身と大根の輪切にしたもののお煮〆ができているのが例年の習わしで、一人分として鰤二切に大根がだいぶたくさんつけてございました。あまり美味そうでもないので、私は一度も喰べませんでしたが、後になってから、婚家の母と（山川操）いろいろの話が出ました時、見た目より案外おいしかったのだときかされました。

賢所で御祭典がおすみになった通知がまいりますと、御神事用品を常のお品とまた全部取りかえます。それで御神事が解けて、欠勤者が出てまいりますと、今まで勤めた人は初めて休息させて戴く、というわけになるのでございます。人手もすくなくなる上、ごわごわした袿袴で働くのですから、なかなか体力も必要で、負け嫌いの私だったので、奥では気を張って平気な顔をしておりましたが、局に下るとくたくたで、もう動くこともできないようなこともございました。

十二月

御神楽祭《みかぐら》

十五日。世間にはあまり知られていなかったように思いますが、賢所の御祭典のうちでも、宮中ではずいぶん重く見られておりまして、お内儀でもやはり終日お清いことなので、新嘗祭と同じく何かと忙しうございました。特に寒さもきびしい時季なので、みな風邪にはひとしお気をつけておりました。

お煤はらい

日はしかときまっていなかったように思いますが、今月はお煤はらいが行われます。この日は皇后宮様のお仕度も早く、十時前にはおそろいで、皇后宮様の謁見所へお出ましになり、ここが臨時の御座所となって、剱璽《けんじ》様（宝剱、璽）も女官長の奉持で、御座所の隣りにお移し申し上げるのでございます。今日は夕刻までこちらにおいでになりますので、本当のお手廻り品は持ってお供をいたしますが、その他のこまかい調度品は謁見所へお移りの前に、人の入らぬ場所へかたづけるので、なかなか忙しうございました。お昼食もここで召上るので、女官一同もそのお入側に詰めております。

どういうわけがあるのか、理由は知らないのですけれど、剱璽様の奉安した場所を廻ってはいけないことになっています（常に奉安してある「上段の間」というのは、お入側も、お縁側も廻れないようになっています）。そのことはたびたび聞かせられてじゅうぶん承知していたのですが、臨時の詰所にいる私たちは、とかく一日中何かと勝手が違って落付かない気持です。「三千子さんお上のお召」という声に、急いで行きかけると、「こちらから、こちらから」と、注意をうけました。どうしてなのかと戸惑っていると、

「あなたはさっき、あちらのお廊下から入っていらしたでしょう。今こちらから御前に行くと、剱璽様も、両陛下も、遠く一廻りするのです」

「ああ、さようでございましたか」と、初めてわかりました。

そういえば常の御座所のほうも、廻ることができないようになっておりますが、ここは奥のほうからは陛下が出御、反対のほうからは拝謁に出る人が入りますから、その両方のお供が行き来いたしますので、どちらからでも自由に出入ができるようにな

っております。

お留守になった御座所のほうは、おのおの専門家からえらばれた特定の人たちが多勢入って夕刻までに高い格天井《ごうてんじょう》から、中央に下っているシャンデリア、その他いろいろのお道具類のお掃除をしたり、またお障子の張り替え、襖や壁の模様のすれた場所などに筆を入れたりもするのです（壁は全部鳥の子張りで、襖と同じ絵が書かれていました）。そのとき入る人数は多いのですが、何しろ時間が短かいので、たいへんな騒ぎらしうございました。

こうして夕刻には、すっかりお手入のできあがった御座所へお帰りになって、御夕食は常のお食堂で遊ばします。これでお煤はらいは終りました。

年末

三十一日には両陛下のお召物、御夜具の類からお化粧用品や、お爪切り道具など、また御休所に備え付けのお机掛や、お姿見掛、お鏡やお化粧品台にかかったお品など、全部新らしいものと取りかえます。

人々が拝謁に出る時や、謁見所など即ち公式の時のテーブル掛は、色も模様もきまっておりましたようですが（近頃のでもお写真などを拝見して、同じお品らしく存じております）ごく内々の場所へお使いになるものは、お好み裂《ぎれ》といって、たとえば、新年のお歌の御題とか、またはお上がご自分でお考えになった図案をお織らせになって、テーブル掛や、お棚掛になって居りました。これなども暮には新らしくいたします。

夕刻、賢所で行われた「大祓いの儀がすませられました」との知らせを受けてから、高等女官一同が打ちそろって年末の御祝儀を申し上げます。まず女官長を先頭にして、ずらりと席順にならび、高倉典侍が総代で御挨拶を言上、一同が低く頭を下げます。

常は毎日たびたびのことなので、御挨拶や御礼などといろいろ申し上げても、お上は何の御返事も遊ばしませんが、年始、年末などの時々は、お顔を皆のならんだ方へお向けになって、「うん」とお返事を遊ばしました。

皇后宮様は毎日毎日朝夕に女官たちが、「ご機嫌よう」と御挨拶申し上げると必ず、「はあ」と、お返事があります。何所をお通りになっても、皆が頭を下げれば必ず御会釈をお返しになりましたが、一日の内幾回も繰り返されるのですから、随分おうるさいことでございましたろうと拝察いたします。

お庭掃除と雪かき

これは、私が直接見たのではございませんが、毎朝「べい」（省丁）が仕人につれられて、お庭掃除をするのです。七時になりますと仕人の打つ拍子木を合図に出て行きますので（音だけは私たちもききました）、それから命婦がお雨戸を開けることになっておりました。

お縁側（雨戸の外で、一段低い）や、その欄干きざはしなどは仕人がお掃除をいたします。

また雪の降った日などでも、やはり七時までに、たくさんの木々の梢に積った雪をはらい落さなければなりませんので、その時だけは臨時に人を雇って多勢でやります。その日は、朝食のお結びや臨時手当も出るとかで、なかなか希望者もたくさんありましたとか。中にはお手当などは目的でなく、御座所のお庭が拝見できるというので、相当の暮しをしている人までまいりましたような話もききました。あの時代には宮城の中に入るということが、なかなかできませんでしたからでしょう。

明治天皇崩御まで

お胸から落ちた宝冠章

明治四十五年の春、沼津からお帰りになった皇后宮様に、ふとある日、お上がお話しかけ遊ばしました。

「昔のことは知らないが、皇后宮さんになってから、まだお伊勢さまにおまいりしたことがなかったな。もうすこし暖かになったらおまいりして来たらどうだ」と。

「恐れ入ります、ぜひまいらせて戴きたいと存じます」

と、皇后宮様。かねてからのお望みでもございましたので、皇后宮様もたいへんお喜びになりまして、着々とそのご準備が進められました。

そしていよいよ今日は御出発の日、純白の御洋装に勲一等の宝冠章を御佩用《ごはいよう》、神々しきまで清楚なお姿で、お上にご挨拶遊ばし、いそいそとしてお旅立ちになったのでございます。

「お上が御一しょだとなおよいと思うけれど、私としても一生の思い出に」と、仰せになっていたこの御旅行が、悲しくもまた皇后宮として、最後の行啓になりましょうとは。

供奉も、皆その仲間中で上位の人ばかり、何ごとも万遺漏《ばんいろう》なく進められ、御参拝もおとどこおりなくすませられて、御機嫌よく還御になりました。

ところが御参拝のお模様やら、お道筋の出来ごとなど、いろいろとお上へ御報告遊ばされる皇后宮様のご様子にも、また供奉の女官たちが種々語って聞かせてくれる時の態度にも、何か一抹の寂しい影があったように見受けられました。はじめは私の心の迷いかとも思っていましたが、きっと何かあったのだ、どなたもそれをおっしゃらない、いったい何が……。その思いは消しようもなく、と申して訊き出すのもはばかられるのでございました。

明治天皇崩御後、その時の事柄を先輩の口からはじめて聞かされましたのです。それによりますと、御参拝の当日、伊勢神宮に御到着になって、大宮司の御先導でしずしずと、御玉垣内にお進みになった皇后宮様が、恭《うやうや》しく御拝を遊ばしましたその時、突然お胸にあった宝冠章が地上に落ちました。

日頃は御沈着な皇后宮様も、一瞬お顔色がさっと変ったようにお見受け申し上げられ、供奉の女官一同も、何か不吉な予感に襲われて心おののいたのだそうでございます。再びおつけ申し上げて御退出になり、この御旅行は無事おすませになりました。

理由はただ、つけ方がわるかったというだけのことでございましょうが、かつてない出来ごとなのと、場所が場所だけに供奉をした人々は、何かひとしお胸にひびいて皆浮かぬ心を持っていたのでございましょう。よく何かの前兆などといわれるのも、こんなことでございましょうか。

天皇御発病

出勤以来満三年、ようやくここの空気にも馴れた明治四十五年の夏、一大事件がおこりました。それはお上の御発病でございます。

その時までは日頃と何のお変りもないように御機嫌よく、御夕食をすませられ、まだ食卓からお離れにならないうち、急に何かお苦しそうな御様子を遊ばしましたので、皆々驚きあわてながら、すぐお隣りの常の御座所にお夜具を運ぶやら、大きなテーブルを片よせるやら、大騒ぎで、さっそくここへお横たえ申し上げましたが、その時はもう何もしかとはおわかりにならない御様子でございました。

時を移さずはせ参じた侍医の拝診によれば、尿毒症でお脳もおかされておいでになるとのことでございます。かねてから公表されてはいなかったのですが、日露戦争中、あの大国相手の戦によほど御心を痛められたらしく、その時ひどい糖尿病におかかりになったとか。

しかしこれが公表されれば、我が将兵の士気にかかわるというので、絶対の秘密になっておりました。我が日本はこの大国との戦に勝つか負けるかが、真に国家存亡の分岐点でございましたから、誰も彼も殆んど寝食も忘れて必勝を願い、たとえ石にかじりついてもという堅い決心が、全国にみなぎっておりましたのは、まだ子供だった私にさえ感じられました。

その時の御病気は幸い、日増しに御恢復遊ばしましたが、その後はお好きなお酒も、あまり甘いお菓子なども差し上げず、専ら御静養を願っておりましたのですが、御勝気の陛下はこの四、五日前にも、帝国大学（今の東大）の卒業式に行幸があったほどで、いつも日頃と変らぬお忙しいご生活をお続けになっておりました。そのためでもございましょうか、やはり前のご病気が再発したような御容体とか承りました。

日頃は、女官以外の出入を許されぬお内儀なのですが、特に許されて侍従の人たちも、日夜御側で御看護申し上げることになり、侍従武官も、常は出仕の詰めておりますお内儀と出御道の境に席をもうけて、万一の御用に備えておりました。

御所の七不思議の一

その混乱の最中に、時の宮内大臣渡辺千秋が、皇后宮様へ拝謁を願い出ました。始終、御枕元にお付き添いになってご心配の皇后宮様は、臨時の特別措置として、お食堂の隣室お弓の間というので拝謁を許されました。

進み出た大臣は、

「今日は重大なご相談に上りましたので、お人ばらいを願います」

と、言上しました。

これを聞いた高倉女官長は、

「御女性のことでございますから、お一方様にはいたしかねます。女官長の私が承って悪いようなお話なら、陛下にも申し上げてはなりません。誰が何といっても私は御同席申し上げます」

と、言い切りました。そして、

「他の皆様は一時ご遠慮申し上げて下さい」

るとといわれたので、私たちは別室に下っておりました。そのうちに拝謁も終り、暫くすると、

「これから謁見所で皇后宮様の御対面があります。御供はあなたに願いますよ」

と、先輩にいわれて、私が謁見所へお供申し上げますと、当時国手とまでいわれた、青山〔胤通《たねみち》〕、三浦〔謹之助〕の両博士が出て即時御用掛を拝命いたし、さっそく拝診に出る運びとなりましたので、先刻のお話はこれだなと独りで考えていました。

それにしても、さすがあの女官長の態度は立派なものだったなと、たのもしく思ったのでございます。

御所の七不思議などといわれる内に、何でも屏風でかこう習慣があり、お内儀で拝謁する人などは、屏風がこいの中ばかり歩かせられます。

あれではどこを通ったのか、見当もつかないでしょう。

さて、御用掛を拝命した青山、三浦の両博士が急ぎ拝診に出ましたが、身体の小さい三浦博士は、いかにも謹厳そのもののように、ひとしお身を小さくして、頭を下げながら屏風の中を進んで来ます。一方背の高い青山博士は、この中は何だろうというように、屏風の上から顔を出して、きょろきょろそこらを見廻しながら入って来られ、誠によい対照だと思いました。

後になって承りますと、あの烈しいご気性のお上のことでございますから、お許しを受けずに両博士が拝診して、もし万一お気付きになってはと、恐ろしくて宮内大臣すら踏み切れなかったのを、

「私が全部責任を持つから、早く申し付けるように」

と、皇后宮様の御決断でそのことがきまりましたとか。日頃は何もおっしゃらないのですが、何というお立派なと感激いたしました。

花氷をはこぶこわい女官さん

皇后宮様はもとより、男女側近者の心配は一方ならぬもので、ちょっとしたお顔の動きさえ見のがさない緊張ぶりで、日夜寝もやらず幾日かを過しました。この年の暑さはまた大変なもので、毎日のように雷は鳴るし、御床のお縁座敷に、いくつとなくならべた大きな花氷も、どんどんとけてしまいます。

皇太子両殿下をはじめ皇族方などは、毎日引きもきらぬお見舞いで、さしも広い御病室も（御座所とお食堂とを続けてこれに当てた）せまくて動きが取れないのでございました。

その上、日頃から御自分お一人で何か遊ばすのがお好きだったので、御本類から書付など、また上奏袋を切って裏返しにお書きになった御製の下書、その他何やかとうずたかくお小座敷（書斎）にはつまっておりますし、御座所前のお入側には、御愛犬におやりになるお菓子箱までいろいろと積み重なっておりますので、どうしても一応何とか片付けねばなりません。

万一にもお気の付いた時のことを考えて、全部のお品々に番号を打つ人、それをつぎつぎと運ぶ人。しかしお身近の品々ばかりなので、滅多な場所へは持ち出せないのでございますから、いつも献上物をご披露する時に載せて来る台にそれを積込んでは、お見舞客のない時を見計らって他の場所に移しました。

花氷も数ヵ所においてありましたが、一、二時間で新らしく代えなければなりません。しかし一人ではできませんので、誰彼の別なく相棒を見つけて頼みました。或時、清水谷〔実英《さねあきら》〕侍従（元伯爵で貞明皇后の女官長だった人の父）といっしょに運びましたが、随分よく太った方なので、重い物など運ぶのは不得手らしく、私が先へ行けば後に引かれるようで、なかなか進めませんし、また後に行けば押しても押しても歩いて下さらないので、

「氷のことでございますから、もうすこしさっさと歩いて下さい。どんどんとけてし

まいますから」

と、つい大声を出しました。

こちらは一生懸命なのですから、誰が聞いていたかそんなことは少しも知らなかったのですが、詰所にいたある侍従武官が、

「親父のような人を叱り付けて、こわい女官さんだ」

と、評判をしたとやら、後に聞かされて苦笑したものでございます。

何とかして涼しくなるようにと、お屋根の照り返しを防ぐため（全部、銅でふいてあるので、ひとしお暑い）一日に幾回となく、長いホースでお屋根に水をかけさせたりもしました。今ならば何とか、よい冷房装置もできるのでしょうけれど。

花氷の後から煽風機を蓄電池でかけましたので、かねてから神経痛気味でおいでになった皇后宮様のお手が痛くおなりになって、大あわてしたのもこの時でございました。

疲れた身体を人眼にふれない場所を選んでお互いにごろ寝しますと、ぶんぶんと蚊にせめられてなかなかねつかれず、ようやくうとうとまどろむと、もう交代時間になったりして起こされるのですが、ただ黙々として皆無我夢中に働きました。

重態の床の天皇

いよいよ御重態と伝わりますと、日夜皇族方も詰めておいでになりますので、皇后宮様の謁見所は多勢の宮様方でたいへんだったらしうございます（命婦がお世話申し上げるので、私たちはよく知りませんでしたが）。ちょうどその時分御妊娠中だった、朝香宮妃殿下（允子《のぶこ》内親王）のお気分が悪いらしく拝されると申してまいりましたので、

「おうちの姫宮様ですから特別に、皇后宮様の御休所へ御案内申し上げてお休み戴きましょう。皇后宮様には折を見て申し上げますから、早くご案内申し上げて」

と、先輩にいわれて、お連れいたしました。御辞退遊ばす妃殿下に、

「おたた様のお許しもうけましたから」

と、無理に御寝台にお休み願ったようなこともございました。定めし連日の御緊張と、御心配のためのご疲労からでございましたのでしょう。

御発病以来、しかとはお気がつかれないで、こんこんとお眠りの日のほうが多いようでございましたが、時にはお目をおあけになって、お側の皇后宮様に、

「なぜそうわしの顔ばかり心配そうに見ている」

などと仰せられたり、また御看護申し上げている大炊御門《おおいのみかど》御用掛に（昔出仕の時分から御気に入りで、主馬寮御用掛になってからも水曜日だけは宮城に来て、お内儀の出入りも許されていた）、

「おおオシヤム、今日は水曜かな」

などと、お話しかけになることもございました（オシヤムは大炊さんのあだ名）。当時シベリア経由で露都に向かっていた桂〔太郎〕公のことをたいへん御心配になって、

「桂はもうどこまで行ったかな、路は大丈夫かな」

と、たびたびおもらしになりました。まだ日露戦争後数年しかたたない時のことでございますから、よほどお心にかかっていたことと拝察いたします。

また、昔宮中の高官であった杉孫七郎氏が、重病だときこし召されておりましたので、

「杉はどうしたろう。すこしはよくなったかな」

などとたびたび仰せられ、

「見舞いに何かやるか」

と、こまかいことまでお気をお配りになりましたが、高齢だった杉さんは後に全快されたとか、世の中は何という皮肉なものなのでございましょうか。

この御大患の時、毎日のように御見舞いにご参内だった今の陛下〔昭和天皇〕は、たしか御数え年十一歳でした〔実際は数え年十二歳〕。お子様のことでございますから、御心配中でも、時にはお内庭で出仕相手に、キャッチボールなどを遊ばし、私の弟もお相手申し上げているのを見かけました。けれども、お上が御病気では、御看護も申し上げえぬ弟などのような子供には、ご用がございません。しかし、出ないわけにもゆかず、夜も勝手に帰ることもできません。

どなただったか忘れましたが、

「あんなお子さん方を、いつまでも起こしておいては可愛そうです。どうせ女官の方は誰も局に帰るわけにはゆかないのですから、弟さんと甘露寺さんを（皇太子御結婚当時たびたび写真などに出て来た甘露寺〔受長《おさなが》〕さんの甥に当ると存じます）あなたのお局でやすませておあげになったら」

「でも局になど連れていってさしつかえございませんかしら」

「あんな可愛いいお子さんたちですもの、大丈夫です。私が引き受けますよ」

二人を案内して連れて行きますと、御所勤めでは先輩格の私の弟も初めて見る局で、「ずいぶん遠いのですね」と、驚いておりました。こんなぐあいですから御所の中を全部知っている人は、ございませんでしたでしょう。

明治天皇崩御

もはや万一の天祐さえ望めない御容体と承りましてから、

「あの青竹の杖をついて、草履をはいて十三日には行こうね」

とのお声を伺って、何とも言いようのないやるせない気持に、お側の者は皆顔を見合せるばかりでございました。

毎日酸素吸入をおかけしたり、何やかと、その当時としてはできる限りのお手当を申し上げたのですが、その効果はあらわれず、刻々と御重態の度は増すばかりなのでございます。御枕頭には、皇后宮様がみじろぎもせずお顔をおのぞきになっております。御右側には皇太子殿下、御左側には、青山、三浦の両博士と、岡〔玄卿《げんきょう》〕侍医頭が、御隣室には内親王様方および各皇族方御一同と女官全部が、御入側には宮内大臣、侍従長を始め侍従一同、それに侍従武官等の高等官一同が皆、粛として声をのんでならんでいるのでございます。

もう、誰も何を考える力さえなく、ただ、置かれた人形のようにならんで、一方を見詰めておりました。

それからの時刻はどれほど過ぎたのでしょうか、なみいる医者たちの頭が深く深く下りました。ああ遂に崩御。崩御なのでございます。

皆々わっと泣きました。声をたてて泣きました。男も女も、そこに詰めていた人間一同が泣き崩れてしまいました。

元来、皇子皇女といっても、未成年の方々は正式な行事には出席されないことになっておりますので、皇孫三殿下（三笠宮はお誕生前）を始め、各皇族のお子様方はお内儀でお別れの御挨拶を遊ばしました。各宮ともお子様ばかりなので（ご参内は初めてかと思います）、命婦の案内に従ってぞろぞろおいでになりましたが、その中に、久邇宮良子姫《くにのみやながこひめ》（現皇后宮〔香淳皇后〕）もおいでになったのでございましょう。

若宮方は学習院の制服に喪章をつけておいでになったのに、姫宮方は小さな袿袴の喪服姿だったのが変に印象的でございましたが、どんな方がおいでになったのか、お子様方のお顔など見るほどひまな人間は一人もありませんでした。

大騒動の一段落した翌日頃のように記憶しておりますが、判任女官一同に最後の御挨拶を申し上げさせるという話をききました。

高等官、判任官と職務上の違いから、同じ時代に勤めていても、両陛下のお姿といえば供奉などの時、遠方から拝見するばかりで、自分が一生かけておつかえ申し上げた御主人様に、直接お目通りすることもできなかったこの人たちですから、せめて御遺体とおなりになってからでも、直接に拝させられたらどんなにか嬉しかろうと思っていたのですが、やはりご遺体ではなく、一般に賜わっている御真影の原画だといわれている油絵の額を、お台子の間で拝させられただけでした。それでも日頃上ったことのない申の口より奥に入れられたことだけでも、一歩お近くに進んだ感激で、皆涙を催しておりました。

一般国民も、時々刻々と侍医寮の発表する御容体を拝見して、一時も早く御快方にと、ただ一筋に願いながら、二重橋外では御平癒を祈る人々の数も毎日おびただしいと承りましたが、その甲斐もなく、なんという悲しいできごとでございましょうか。まだようやく御六十歳であり、あの立派な御体格でございましたのに。

目《ま》の辺りにその始終を拝見しながらも、なお、何としても信じられない、信じたくはない気持が一杯でございました。

生きとし生けるものの定めとは、こんなにもはかないものなのでございましょうか。

即刻、皇太子殿下の皇位継承の御儀が行われ、そして崩御が公表されました。すでに皆の覚悟はできていたはずなのですが、さてまた公表されてみると、新らしく起こる悲しさに、忙しく働きながらも、夢に夢見る心地で呆然としておりました。

特に深く印象に残っておりますのは、露都に向かっていた桂公が、急を知って引き返して来たのは、崩御後数日たってからであったように思いますが、さっそく参内いたしますと、御病中でさえしばしばその安否如何と、お口に遊ばされたということを承って、

「誠に恐入りました。遅くなりまして申し訳もございません。お心におかけ戴きました桂は無事で、陛下はこんなお姿に、ああ、残念でございます、残念でございます」と、幾度も幾度も繰り返し、よよと泣き伏して、容易に顔さえ上げられなかったその姿を目の辺りに見まして、感極まれば男の人でさえこんなに泣くものかと、私は深い感銘を受けました。

切腹を覚悟の写真

元来、明治天皇は写真嫌いでおいでになったので、本当の御写真というのは、ごく

お若い御成婚の時のものくらいで、滅多にお写しになりませんでした。御真影として一般に出ているものは、油絵をお写真にしたものだそうでございます。

明治四十四年秋の陸軍大演習御統監の時、供奉をしていた藤波主馬頭《しゅめのかみ》のすすめで、地図を御覧の陛下を横からお写し申したのが、御近影でございました。これさえ皆こわがって手控えていましたのを、

「もし万一お気付きになってお叱りを受ければ、私が切腹して見せる」

とまで藤波子がいったので、ようやくお写ししたのだそうでございます（大演習の時のお写真だけは、外にも二、三遠方からお写し申したのがございます）。

陸軍大演習御統監の明治天皇

なお、崩御後のお顔でもぜひ戴きたい（写したい）と、藤波子は熱心に皇太后宮様へお願い申し上げました。

「あの立派なお上のお顔を、永久に拝見できなくなるとは誠に残念でございますから、まげて、お許しを」

「藤波の気持はじゅうぶんわかっており

ますが、あんなにお嫌いであった写真、たとえ崩御になったとはいえ、思召に添わぬことをするのは、私として不本意だから」と、皇太后宮様もまた絶対にお許しにならないので、さすがの藤波子もあきらめましたが、「おしいな、おしいな」と、繰り返しておりました。

皇太后宮様は、すべてお上の御意志をお守りになる思召なので、明治天皇御自筆の物はもとより、御手許にあった書類までも、何から何までみな火中におさせになりました。

御親筆を火中にするのは、代々木離宮（今の明治神宮内庭附近）に、お火中場がありまして、御直筆をお窯に入れますと、鍵をかけ灰になるまで幾時間か離宮で待っているのでございます。

本願寺の坊主を侍従長にしたい

御遺体を前にして、夜な夜な御手にふれたお品々を整理する時（お昼は参内者が多いので）、ふと誰からともなく、あの御生前の御面影を存じ上げ出しては、涙にむせびながら、繰り返し、繰り返し、御在世中のお噂を申し上げるのでございました。

ああ、今こんなことにおなりになるなら、あんなに御希望だった京都への行幸を、なぜ一年早くお進めできなかったのでございましょうか。

明治四十五年の秋には、御殿の修繕をする計画で、京都への行幸啓を願う手筈になっていたとやら承りましたのに。

元来どんなにお気に入らないことでも、一度こうとおきめになったら最後、未練がましいことなど絶対にお口に遊ばさないお上なのですが、ある日のお食事中、

「な、天狗さん、本願寺の坊主大谷を侍従長にしたらいいだろうと思うのだ」

との仰せに皇后宮様は、「はあ」と不審そうなお顔を遊ばすと、

「わしはな、京都へゆっくり行って見たいといつも思うのだけれど、動けばなかなか費用がかかって大変なのだ。話に聞けば大谷が馬車で方々歩くと、生き仏様だといって信者がお賽銭をたくさん上げるそうだ。だからね、侍従長にして陪乗させれば、その費用もできるよ」

と、お笑いになっておりました。たとえ御冗談とはいえ、こんなに御希望であったのに実現されなかったとは、返す返すも残念に思われて仕方がございません。

崩御後数日してから、正殿にしつらえた殯宮《ひんきゆう》へ、御遺体をお移し申し上げると同時に、日ごと夜ごと詰めかけていた侍従や武官たちは、そちらへ出るようになったの

で、久しぶりで自分たちばかりになって、何かほっとした心地にはなりましたが、主なきお内儀の御座所は、がらんとして何にたとえようもないもの寂しさ。ただささえ静かな秋の夜を、お庭にすだく虫の音のみさえて、いよいよたえがたく、大宮様の（皇太后宮）御心中如何ばかりかと、お察し申し上げながらも、慰め申し上げる言の葉も知らぬ有様でございまして、常日頃からお言葉のすくない御方様が、ひとしお無口におなりになったようにお見受け申し上げました。

御大葬

御霊は九月十三日に宮城をお出ましになって、永遠に帰りまさぬ御旅路に向かわれ、天皇御自ら御選定になっていた京都桃山に、お納まりになることになったのでございます。

さて今日はいよいよ霊柩御出門の日、正殿で行われる御祭儀もこれが最後、皇太后様にお供申し上げて女官一同も参列いたしました。

新帝両陛下を始め、皇族方一同、総理大臣および各省大臣、陸海軍元帥および大将など大礼服に威儀を正して立ちならぶ内を、簫《しょう》ひちりきなどの奏楽と共に、祭官の捧げ持つ神饌《しんせん》がつぎつぎと供えられます。毎日毎日このようにしてお供え申し上げたのですから、奏楽の音もたびたび伺ったのに、今日はひとしお身にしみて、またしても涙にほおをぬらすのでございました。

祭官長の奏文も終り、新帝両陛下の御拝もおすみになると、次は皇太后宮陛下、御全身黒いクレープ〔縮緬〕で被った、黒カシミヤの御喪服に黒いベールを深々とお覆《かぶ》りになって、心持ち青ざめた御顔で力なく御拝の場所へとお進みになります。そのおいたわしい御様子を拝して、またもあちこちにすすり泣きの音が聞こえてまいります。次いで宮様方から順次参列者一同の参拝も終り、青山葬場殿へお向かいになるため、侍従や、侍従武官、大葬使事務官等の手によって、霊柩はお車寄へとお運び申し上げます。正殿でお見送りを終えた私たち一同は、皇太后宮様のお供をして、御庭づたいに自動車で二重橋前に到着いたしました。

皇太后宮様はお年も召しておいでになった上、そうお丈夫な方でもございませんので、あまり御疲労を遊ばしてはと皆がご心配申し上げましたので、御参拝はまたの日ということになって、内親王様が御名代で、祭場から桃山まで御供遊ばしました。

しずしずとお進みになる御大葬の御列に、悲しみに打ちしずんだ侍従たちが、黒の装束に白い肩衣《かたぎぬ》姿もいたいたしく、御車の両側にこれが最後の御供と奉仕するありさまを、目の前にしながらも、なお夢見るような心持で呆然と、いついつまでもお見送り申し上げている私たちでございました。

この日御発引の砲を合図に乃木〔希典《まれすけ》〕将軍夫妻が自刃《じじん》したのは世間で知る通りですが、私たちは翌々十五日になってから初めてきいて驚きました。それまでは誰も、新聞さえひろげなかったらしうございます。

大正の御代を迎えて

「おまえ写真を持っているか」

その後、新帝様は今までの御住居の青山御所から、毎日宮城に出御、新皇后宮様も始終おいでになるので、御内儀の謁見所が臨時の御休所となりました。

それまでは特別の人以外、あまり顔も知らなかった元の東宮女官、その時の新帝付女官の人たちともたびたび出あい、お話などもするようになりましたが、何かと全体の風習が違うらしく、皇后宮様のピアノにあわせてダンスなどしていられたとか聞くとおり、皆なよなよとしたいわゆる様子のいい方ばかり、それに引きかえこちらは力仕事などもする実行型といった人が多く、ちょっとそりのあわないような感じを初めから受けました。秩父宮妃の母君、松平信子さんも御用掛でお供をしておられ、お目にかかりました。

前にも述べましたように、たとえ皇太子殿下といっても宮城内、ことにお内儀などは勝手にお歩きになることもできなかったのですが、今度は新帝様として、皇后宮様の御休所（元の謁見所）へおいでになるのですから、始終私たちの詰所の辺をお通りになります。

ある時、私はふと御用を思い出したので、まだ新帝様の出御までには間のあることと思って、お廊下をゆうゆうと歩いてまいりますと、ちょうど謁見所へおいでになる新帝様に、ばったりお出あいいたしました。頭を下げて御通過をお待ちしておりますと、おたちどまりになったお上は、

「ああお前は絵が上手だってね」

と、仰せられる。

「いいえそんなことはございません」

「では何か歌がうたえるだろう」

「まことにふつつか者で、何の心得もございません」

「でも学校にはいったのだろう」

「はい。すこしはまいりました」

「自分の写真を持っていないか」

「一枚も持ちあわせておりません」

と、一歩一歩後に身を引く私、陛下は一歩ずつ前に進んでおいでになる。はて困ったことになったと振り返って後を見ると、丁度お物置に行く廊下のお杉戸の前でした。す早くこの戸を引きあけて身を入れると、深く頭をたれました。その時おくればせにお供の侍従が来ましたので、そのまま御通過になりました。

まだ胸のどきどきしているのを感じながら席に帰ってまいりますと、

「あなた今日はどうかしやしたか、お顔色が悪いような」

と、いたわって下さる先輩に、

「いいえ、何ともございません」

と、答えましたが、誰にも見つからなくて一安心。だが口うるさいここの世界ですもの、たびたびこんなことに出あっては、どんな噂をされるかわかりません。

明治天皇が崩御になってからもう三ヵ月、お昼間のうちはとやかくと忙しさに取りまぎれておりますが、夕刻からは御遺品として方々に出す御手元品や、本当にお身近にあったこまかいお品品を整理して、お表に出す準備をするので、またしても一同が涙の繰り言をいうのでした。しかしおいおいと日がたつにつれて、どうやら人々の気持にも幾分の落付きを見せたかのようにも思われ出しました。

人員整理のうわさ

その頃から誰いうとなく、人員整理の噂が口ぐちにのぼるようになりまして、ある人は私にあまり年を取らないうちに、やはり結婚した方がよいのではないかとすすめますし、また一方では、若い人たちは前途が長いのだし、その上初めて出る人よりはお勝手が分かっていて都合がいいから、新帝様のほうへ転勤になるのだという噂もいたします。そうすればいずれあちらに行かれるであろう柳原典侍のためにも、何かと役立つからというわけもあったらしく思えるからなのです。

しかしまたある人は、

「なんときめたのだ。ぐずぐずしていると年ばかりとってしまう。初婚なら二十五までてなくちゃ貰い手がなくなる」

などと、暗に結婚をすすめられるのですが、父からは初志をつらぬいてようやく今まで勤めたのだから、末長く奉仕するようにとの手紙がきています。父も祭官などに出て宮中の様子を多少は知っておりますけれど、何もかも口止めされておりました時代ですから、なぜ新帝様のほうに行くことを嫌っているのか、その理由などを細大もらさず話すわけには行かないのでございますし、第一、まだ自分さえしかと心をきめかねて、毎日浮かぬ顔をしておりましたので、ある日先輩の人が、

「私は有名な易者を知っています。その人の卦《け》なら本当によく当りますから、一度御家来でもやって御相談になっては……」

と勧めて下さいましたので、思いあまった私はそっと使を出しました。そのため別に得るところがあったとも考えませんでしたが、今まで易などと馬鹿にしていた私だったのが、人は本当に困ったことに出あいますと、ふと変な考えをおこすようになるのかもしれないと、我ながら思ったこともございました。

整理されるくらいなら、自ら辞して生家に帰ろうかしら、しかし別に結婚するいい相手が今あるわけでもなし、また、日夜お寂しそうな、皇太后宮様の御様子を拝見しておりますと、自分の都合ばかりで我ままなまねは、どうも心がゆるしません。たとえなんのお役にはたたなくとも、およぶ限りはお慰め申し上げよう、だが、新帝様の方へは絶対に行きたくないと思いました。

日頃あまり物ごとにこだわらなかった私も、このことについては始終頭を悩まされておりました。そのうち、とうとう恐れていた時がまいりました。ある日早蕨典侍さんが、

「あなたもうすうすは知っておられるでしょうが、いずれ近々に人員整理がございますから、この際、新帝様のほうへ勤めれば、一家一門の光栄はもとより、あなたの身にも箔がつくというものですから、そのように手続きを取って上げましょう」

と、あまりにも突然なお話なので、私はいささか驚きましたが、

「それは誠に有難うございますが、いましばらく考えさせて戴きます。親たちにも相談いたしたいと存じますから」

と、答えました。すると、

「ああさようでございますか」

と、典侍さんはあまりいい顔はなさいませんでした。

人の噂によれば、もうずっと以前からそのつもりで準備しておられたらしいのですから、無理もないことなのでございましょう。また私としてはこんな時、何もかも思いのまま打ちあけて相談するような人はなし、実に困りましたが、しかし、もうそう長く黙ってばかりいるわけにもまいりませんから、数日後遂に意を決して典侍さんに申しました。

「今まで通り皇太后宮様にお使い戴くなら奉職いたしたいと存じますが、こちら様に御不用ならば生家に帰らせて戴きます」

「ああ、あなたはそのようにお考えですか。では何とでもおよろしいように」と、いかにも冷やかな言葉、だいぶ立腹された様子でございました。今まであんなに面倒を見てあげたのに、自分の顔をつぶしたと思っていられたのでしょう。まったくその通り、公私共にいろいろとお世話になったのはじゅうぶん感謝しているのですが、それとこれとは別の話で、同一に考えられては、こちらもいささか迷惑でございます。

宮中でも有力なこの人を、こんなに怒らせては、後はどう出られるかわからないのですが、もうそれも止むを得ないので、すべては成り行きにまかせようと決心しました。

その面当てでもあったのでしょうか、私よりは後輩でまだ出仕以来半年も勤めず、もはや解任の辞令さえできていたと噂のあった人で、誰が見てもあまり適任とは思われぬ久子さん（仮名）が、急に転勤してさっそく本官になり、私より上位の新帝附女官になりました。

最初からそのいきさつを知っていた同僚の人たちは、いろいろと慰めたり、気の毒がったりしてくれましたが、私はもとより覚悟のうえのことです。しばらくではありましたが、自分が困った時のことなどを考えて、ずいぶんよく教え導いてあげたと思っているこの後輩の栄転を、心から祝ってあげましょう。

だが今度は向こうが上官、一しょに出会う時には、あくまで上位の人として先をゆずり、たて通していましたが、先方はあまりそんなことには無感情のように見受けられました。

それとなくこの様子を御覧になっていた皇太后宮様は、お言葉に出してはなにも仰せられませんが、可愛想に思召されたものか、それ以来ひとしお御信任が厚くなったように、私には思えました。

青山御所へ御移転

丁度その時分のことでございますが、いずれ近々には御移転と思召して、御机や御用箪笥を整理しておいでになる大宮様（皇太后宮）のお手伝い申し上げておりますと、お短冊がたくさん出てまいりました。もちろん皆ご直筆ですが、近頃のお筆とは違って筆太のお家流で誠にお立派でございます。私などにはよくわかりませんが、

「どうしてお筆をおかえ遊ばしました」

と伺うと、

「あまり字が古風なので、すこしかえたほうがよいという人があったので」

との仰せでございました。

「昔の御書体のを一枚戴きとう存じます」

と、申し上げますと、

「これは誰かにやった時の書損じで、こんな物は持って行かないほうがよいの。後になってから面倒で困るでしょう」

との仰せで、戴くことはできませんでした。

公然と下賜されましたお歌を、御代筆だなどとの噂があるとやら、書かれた人がありましたが、昔のお筆と書き方をおかえになったので、そんなことからあやまり伝わったのではございませんでしょうか。あのご達筆の陛下のご代筆をするような人を、私は存じませんでした。

今まで蠟燭だった宮城も全部電燈にかわり、暖房などもすべてスチームによることになりましたので、大修繕が始まり、皇太后宮様は半年以上も沼津に御滞在遊ばし、お留守を承る女官も昔の局は引きはらって、仮の局に住んでおりましたが、そのうち御調度品置場になった霞ケ関離宮に引移り、お供も半分ずつ交代になってここで数ヵ月暮しました。

一定のお部屋を詰所として、毎日出勤はしておりますが、宮城内ご真影へのご代拝以外に御用もございませんし、お道具類もみな荷作りしたままになっておりました。

その当時、この離宮は外国から来た国賓などの宿舎に当てられていましたので、まるでホテルのような場所で、立派な部屋はたくさんありますが、日本間がございませんから、皆が集って長く住むのには都合が悪く、侍女も各々二人だけにして、あとは各自の荷物と共に、生家や知人に預けましたので、何もすることがなく、ずいぶん退屈な明け暮れでございました。

墨絵のような、が一大事に

ちょうど私が沼津へお供申し上げておりました、大正二（一九一三）年三月三日のことであったと存じます。お節句とは申しながら、まだ諒闇《りょうあん》中のことで何のお催もなく、御運動のためにお玉突をおすすめして、そのお部屋にまいりますと（御座所などより外に近い場所です）何か外が騒がしく、鐘の音も聞えて火事らしいと思い、職に聞きあわせますと、沼津市からはずっと離れた川向こうの、蛇松《じゃまつ》という所のお寺から出火したのだと伝えてまいりました。なるほどそういえばよほど遠いらしく、ガラス戸を通して見える煙も、うす雲のようにただぼうとしております。

お相手をやめて休んでおりました私は、お庭に出て塀の控えくいに上って外を見ました。

すると、正面にくっきり浮んだ富士の裾をはうようにして、真っ黒い煙がもくもくとすさまじい勢いで、後から後からと出てきます。「ああ墨絵の富士越竜のようです」などといって、呑気に眺めておりましたが、これが後には大変なことになりました。

今日はあいにく風が強くて外はふきとばされそうで、海のほうには顔を向けることもできません。火はおいおいと市内へ燃えうつるらしいのですが、強風にあおられて焔は上にあがらず、土の上をはうように流れるので、どこに出るか見当さえつかず、危いと思う時はもう床は焼けて、家がたおれるといったぐあいで、手のつけようもなく、どんどん進んで郵便局、学校、沼津駅まで総なめになりました。罹災した人たちは、どんどんと御用邸の前から静浦方面に引っきりなしに走ります。なにしろ消防ポンプといっても手押しで、幾人かの人がかけ足で運ぶようなわけですから、隣町からかけつけて来ても、なんの役にもたたず、燃えるがままにまかせるよりしかたがないありさまです。

もしこの火が川を越してこちらに来るようなら、静浦づたいに修善寺へ御立退きという用意までできました。

日頃御守護を承っている将兵はもとより、町の青年団や、近所の人たちも、非常の御警戒に当っていて、食事さえできませんので、日頃私たちの食事の世話をする御供の料理番は、その人々への炊き出しで目のまわるような忙しさ。もし万一飛び火でもすれば、すぐお立退きというので、私たちも気が気ではありません。

一方かねて御病気で、須磨の御別邸にご静養中だった有栖川《ありすがわ》宮が御重態というので、大宮様からのお見舞のお使いを承った小池掌侍（柳）が、東京の宮城を出発して、夕刻にはこの御用邸に到着することになっておりました。

小池掌侍は、元有栖川宮家の老女だったのですが、和歌に堪能な税所敦子《さいしょあつこ》さんの死後、その跡をついで皇后宮様のお歌のお写しを承り、そしてお歌所へ出す連絡の役に出仕して、後に掌侍となった人ですから、このお使いには打って付けなのでございます（明治天皇はあまりお気に入らないようでした）。

当時、有栖川妃殿下は葉山に御滞在で、王殿下御病気というのに近よろうとも遊ばさないから、その御仲裁の意味もあったとやら伺いました。

しかし、もう駅も焼け落ち、電信電話とも不通です。止むを得ず、一つ手前の三島駅まで属官が迎えにまいりましたが、橋も危険で通れず、細い田舎道は馬車も行きません。あの時分にはこの小さい田舎町にある交通機関といえば、人力車ただ一つなのですが、それも消防の手伝いに出はらって、誰もいなかったそうです。それから数時間、ようやくのことで小池掌侍を人力車に乗せ、御用邸に着いたのはもう十二時近くでした。日頃は力におよばぬことまで（たいへん小さい人ですから）私が私がと頑張るこの人も、さすがあの時だけは泣かんばかりにして、無事到着をよろこんでおられました。

猛り狂ったこの火事も、ようやく川向こうで終りましたので、お立退きも遊ばさず、一段落ついてほっとした私たちが、夕食を戴きましたのは翌午前一時頃でございました。

桜木内侍となる

やがてすっかり御修繕の出来あがった宮城には新帝両陛下が、皇太后宮様は沼津から青山御所にお移りになりました。

ここはもと、皇太子両殿下のお住居だったままなので、陛下のお住居にはだいぶお手ぜまでもありますし、ずいぶん古々しいように存じました。女官の住む局は数もすくないので建て増しができ、私たちはこの新築のほうに入ることになりましたので、たいへん気持はよろしうございましたが、やはりおいおいと建て増した家は、あまり勝手がよいというわけには行かないものでございます。

そのうち明治天皇の諒闇も明けましたので、私も本官の権掌侍に任命され、桜木内侍という名を賜わりました。

宮城のほうは、早蕨典侍を初め（この時分から三位の局といった）老年、中年の高等女官から、判任女官まで一部の人が転任になり、また新らしく若い美しい人が数人採用されて、何かとごたついた人事異動も、一段落となりました。

この新らしい人のうちに、貞明皇后崩御時分の女官長だったと思う、清水谷さんや、入江たか子の姉、東坊城《ひがしぼうじょう》敏子さん、千種権典侍の姪に当る、千種やな子さんなどもおられました。

絶食して死んだ御愛犬

明治天皇の御愛犬だった六号、花号は、何を感じたものか、お上の御発病と同時に、自ら絶食して、誰が喰べさせようとしても何も喰べないので、小さくて弱い六号のほうは、一週間後ついに死んでしまいました。今は皇族方の墓地護国寺に眠っております。花号のほうもやはり一週間喰べなかったそうですが、体力が強かったのでおいおい恢復、皇太后宮様のお膝元で御寵愛をうけることになって、沼津行啓のお供を申し上げ、その可愛いいしぐさはただ一つの大宮様のお笑いの種でもあり、お慰めになっておりました。

昭憲皇太后崩御の時にも、何かお守りでもするかのように、殯宮の床下に入ってしまって、一週間ばかりは誰が何といっても出て来なかったのです。しかしこの時も無事でおりましたから、たいへん犬好きで通っていた小倉文子さん（緋桜権典侍）が戴いて、飼っておられました。

京都へ引移られて後、私が結婚のため上京する時お暇乞いにまいりますと、すっかり姿の変った私ですがよくおぼえておりまして、尾を振りながら体をよせて来てあまえておりました。

私が出した物は喰べますのに、隣りにすわった母が同じものを出しても、つんとすまして向こうをむいてしまいます。一年くらいの間ちっとも会いませんのに、本当によくおぼえているものだと、つくづく思いました。

憂欝な一時

宮城にお移りになってからも、御真影（明治天皇）御拝やら、御母陛下の御慰問やらで、新帝様はよく青山御所へおいでになるのです。

すると必ず私をお召になりますので、初めのうちは、ただ当番の廻りあわせで、やはり年の若い者がお目に止るから、何かお申し付になるのもお気軽で都合がよいのだろうと、我人共に余り気にもかけなかったのですが、後には相当しげくおいでになるのに、姿の見えない時までも必ず名指しをしてお召になって、何かとお話かけになるので、いささか迷惑に思う時もございましたが、もうしかと所属のきまった後のことですから、さほど気にもかからず、平気でおりました。

しかし両陛下おそろいでお出の時などは、ちょっと困るような場合もありますし、そばにいる同僚たちからまで、

「ちょっと皇后宮様のおみ顔をご覧なさい」

などとささやかれると、なんとも引込みがつかないのでございました。

それでなくてさえ、「あの生意気な娘は、私は大嫌いだ」と、皇后宮様がおっしゃ

ったとやらきかせてくれた人もございましたので。

　皇太后宮様と御いっしょの時でも、

「今日は歌を教えてあげるから一しょにうたいなさい」

などと、調子はずれの大声でおうたいになったりするので、

「こちらでは、そのようなことをいたさせませんから、あれにはできませんでしょう」

と、お言葉を添えて、お助け下さるのはいつも、皇太后宮様でございました。

　こうしたことがたびかさなるにつれて、ただ御冗談ばかりとも思えず、ようやく人の噂もやかましく、中には面白半分眺めていた人たちさえも、元気者で張り切っていた私が、おいおい元気を失なって、心なしか面やつれした姿に、何とかしなければと、考えるようになりました。

　もしも、新帝様がこちらによこせなどと、お言葉にお出しになれば、鶴の一声で、どんな理由があろうと絶対に動かせない、あの時代の掟なのでございますから、さすがの香川皇太后宮大夫もいささか頭を悩まし、止むを得ず病気欠勤ということになりまして、新帝様お出の時は出勤しないでよいと申し渡されました。

「もし万一にも病気ということでさしつかえが起こったら、私（大夫）と侍医が証明

するから」

とまでいって下さいました。

しかし理由は、ただそればかりではございません。その時分私は、人知れず胸にえがいていた面影があったのです。それはある日お暇をいただいて、侍女を供に外出いたしました時のこと、折から上野に開催中の文展（今の日展に当る）を訪れました。

会場に入ろうとしてふと向こうを見ますと、知人の某老婦人の姿が目にとまりました。

「まあ、お珍らしいところで」

と、近よって挨拶しますと、その後につつましやかにたたずんでいる紅顔の青年がございました。これこそ東大を出たばかりの、若き日の夫の姿でございます。

「息子ですよ」

と紹介され、さそわれるままに会場をいっしょに見物して歩きました。子供の時分からただ絵が好きだというだけで、別に何の素養もない私は、むつかしい讃などに出あいますと、それがこの絵とどういう関係があるのか、その意味がよくわからないのでございました。彼は母にうながされるままに、何かと親切に説明してくれました。また籠の鳥のような女官の生活を知っているこの母は、

「おすしでもいっしょに喰べましょう」
と、気軽にさそってくれましたので、時間のたつのも忘れて、楽しい半日を過しましたのです。

彼はこの婦人の養子で、聞けば祖先は源家の流れを汲む名門の産、古くから代々儒者であったとか、彼自身は自然科学を以て世にたとうとする人でございますが、いろいろと多趣味の程もうかがわれ、自然に備わる風ぼうもさることながら、いかにも物静かで控え目がちに話をするあたり、今まで会った人にはない頼もしいような感じがして、それ以来何となく心をひかれていたのでございます。

しかし勤め持つ身のいたしかたないこと、知らぬ昔と諦めようと思いながらも、とかくしずみがちの心を何とせん術もなく、苦しんでいた時でもございました。元来どうにもならないと知りながら、くよくよするようなことは嫌いな私ですから、さっぱり思い切ったつもりで、わざと快活を装っては見ますが、かえって心は暗くなるばかり、よる臥所《ふしど》に入って眼をつむると、突如として現われる彼の面影に、そっと溜め息をつく日もおおく、人には知られまいとして、うろたえる心は我ながら腑甲斐ないことでございました。

ある大工と息子の話

大宮様が青山御所へお引移りになってから、早や幾月か過ぎました。御所全体の建物はそのままお使いになるとしても、せめて始終おいでになる御座所や、御格子の間だけは新らしくと、皇太后宮大夫の心づかいで、お居間四部屋だけの新築が先頃から始まって、今日はいよいよ棟上げの日でございます。

その情景を、そっと御覧に入れようと思った大夫は、大宮様にお渡り廊下までのお出ましを願いました。窓を細目にあけますと、だいぶ離れてはおりますが、その様子が手に取るように見えるのです。大宮様はもとより、女官たちもこういう所を見るのは初めての人が多いので、皆もの珍らしそうに眺めております。

いよいよ式が始まるらしく、最初に進み出たフロックコートの人が、こちらに向かってうやうやしく一礼いたしますと同時に、なにやら大声でさけびました。すると制服の仕人につれられた職人たちが、新らしい印袢天《しるしばんてん》に鉢巻姿もさっそうと集まって来て、勇ましい音頭と共にするすると棟木を上げ始めました。見ていた女官たちは、

「ああこれが棟上げの式というのでございましょうか」

「話には聞いておりますが、私も見たのは初めてでございます」

などと、皆その面白さと珍らしさに、息をのんで見つめておりました。

高く上ってしまうと、その上に日の丸の扇と、おかめの面、麻の尾のついた飾りを上げました。御所でこんなことをしたのは初めてだったらしいのですが、下々でやる建前の面白い行事をお慰めにもと、御覧に入れたのでございました。

「あの一番先に出てまいりましたのが、内匠の木子技師でございます」

と、大夫が言上しています。

「ああ、あの人が」と、お答えになっておりますところを見ると、何かお耳に入っていることがあるらしく思えました。

後になって先輩から聞きました話は、この木子技師の父親という人は、腕はたいへんよかったらしいのですが、ただの大工で、職人として長年内匠寮に出て、いろいろと仕事をしておりました。誰でも御門を入る時には、証明として門鑑というものが必要なのです。自由に出入を許されている人々は、各自これを持っておりますけれど、職人のような人たちのは、仕人が人数だけの木札の門鑑を持って、御門まで迎えにいくのです。それを待ってから初めて入ることが許されるので、仕人が木札をがちゃがちゃとさげて行くその後から、皇宮警視にもていねいに礼をして、通してもらうのがこの人たちの常でございました。

階級制度の時代とはいえ、高等官は警視の礼に迎えられて、大威張りに、すっすっと通って行くのです。始終これを見ていたこの父親は、息子には学問を、そして高等官にというのがただひたすらの願いで、自分はせっせと仕事にはげんで、その資金を作りました。

幸い息子の出来もよく、東大工学部建築科を卒業、高文試験も通って望み通り宮内省に奉職したというのが、その物語りでございました。父親は自分の丈夫なうちはと、あいかわらず大工をして日夜働いておりましたとか、誰がきいても実に美しく、心うたれる話でございます。

やがてこの御新築が出来あがると、当時の有名な画家、小堀鞆音《ともと》、竹内栖鳳《せいほう》などいう人たちの手で、お杉戸やお襖の絵が立派に出来あがりましたが、呉服の間のお襖は女性の手でというので、野口小蘋《しょうひん》女史が選ばれて、絹地に四季の田舎の景色を描くことになりました。その下絵を御覧に入れましたところ、これがまたたいへん思召にかないましたのですが、女史の病気のためにのびのびになりましたので、仮に金砂子の物をたてて、そちらへお引移りになりました。

前田邸の珍事件

明治帝のお三年がお過ぎになったら、大宮様にもゆるゆるおくつろぎいただこうと、御生家の一条家では能舞台まで作らせていたとやらもききましたが、実現せられぬ内に、崩御になってしまいました。

あの時分は、たとえ御生家といっても、なかなかおいでを願うのはむずかしく、私が知っている時で、臣下の家へ行幸啓になりましたのは、本郷の前田邸で能楽をご覧に入れた時だけのように記憶しております。その時分、私はまだお雇いでしたので、御供はいたしませんでしたが、おいでをお願い申し上げる方の家もまた、たいへんのように承りました。

天下に知られた裕福の前田家のことではございますが、御前（両陛下の御前）には出ない女中たちまで、みな同じ模様の紋付姿で、ずらりとならんでおりましたとか。お供で行った人々も、側近の侍従を始めたくさんの人はおりましたが、前田家の方の心配もたいへんなもので、私服警官を家の内外に、多数配置しておりましたそうです。

それでもまだ安心ならぬ御主人の前田侯は、背広姿になって邸内を自らまわっておられましたとか。するとそのうちに、ある私服警官が、

「君、君、何をしていますか。先刻から見ていると、どうも邸内をうろうろ見まわして変だね。何という人か」と、尋ねました。

「ああ、僕のことか、この家の主人、前田です」

「はっ、知らぬこととはいいながら、失礼いたしました」と、驚いた警官。

「いいえ、どうもいろいろとご苦労さまです。なおよろしくお願いいたします」

と、いって家に入られたとか、こんな話もききました。

　こんなぐあいでしたから、お出かけになることは、なかなかたいへんな騒動《そうどう》でございました。

走る電車は初めて

　明治天皇御大葬以来、一日も欠かさず御真影に御拝遊ばしては、まるで御在世中のように何かと御報告になったり、お物語りを遊ばしている大宮様のおそばには、御愛犬花号もまた毎日のお供申し上げて、お隣りに正座、頭を低く下げて身じろぎもせ

ず、御拝のおすみになるのをお待申し上げております。その姿のいじらしさに、私たちはまたも思わず涙ぐむのでございました。

大正二年七月三十日の御一周年をさかいに、御霊は神様として皇霊殿に渡御、黒く覆いかぶさった雲は晴れて、諒闇明けになりました。

御大葬のとき御使用になった葬場殿跡（今の明治神宮絵画館附近）も、もはやその内には取りこわされるとのことでございましたので、せめて遠方からでも拝しましょうと、大宮様のお供を申し上げて、一同がお外庭に出ました。小高い土手にのぼりますと、青山練兵場（今の明治神宮外苑）はすぐ目の前で、葬場殿跡も向こうのほうに拝見できます。

今ははや一年、過ぎ去ったあの日の御事どもを御心に浮べられながら、いかにもまだ御名残り惜しげに、静かに深くおつむりをお下げになりました。女官一同もまた無言のまま、しばし遥拝をいたしておりましたが、ふと気がつくと権田原のほうから一台の電車が走ってまいります。陛下は珍らしそうにそれを御覧になっておりました。

宮城でも場所によっては、三宅坂を通る電車も見えますが、陛下はそんな所へはおいでになりませんし、また行啓の時には、お道筋に当るところは何もかも皆、通行止めをしておりますので、走る電車はおそらく初めてお目についたのでございましょう。

たとえ電車の内から人が見ましても、しかと御顔を知る人のあろうはずがないと思い、女官も、御そばによりそって、皆で眺めておりました。

すると車内から若い学生が帽子をとって、恭しく御辞儀をするではございませんか。不審に思って眺めておりますと、見る見る内に車内一同が最敬礼をいたしましたので、おそばにいた私たちも、何ごとかといささかあきれて、おたがいに顔を見合せておりました。

後になってわかりましたのですが、この電車に乗っていた一同は学習院の生徒で、かつて出仕としてつかえたことのある、中川（伯）さんの子息がまず一番に礼をしたのだそうです。

「あとになって考えますと、せっかくの御微行なのに、他の人たちまで気のつくようなことをして申訳なく存じておりますが、ふとお顔を拝して思わず頭を下げました」と、いわれたそうです。しかしあの時は湿りかけたその場の空気をやわらげ、いろいろの語り草ができましたので、かえってよかったようにも思われました。

大正初めの観菊会

大正二年十月なかば、今日は新帝様になってから初の観菊会が、赤坂離宮で催される日でございます。会場の菊花も昔とかわらず美しく咲きそろって、用意万端とどこおりなく整ったのでございましょう。いつも立食場のできておりますのは、もとの皇太子妃の御産所、つまり今の陛下〔昭和天皇〕などがお生れになったお部屋からはたいへん近いので、陸海軍の軍楽隊がいろいろと美しい曲をにぎやかにかなでているのが、手に取るように聞こえてまいります。

ここにはお二階がございますので、見おろしては失礼と、その方の側は一日中お雨戸もたてきりでしたが、立食場の裏側にあたりますので、調理用に使う道具類や、時にはお皿などのふれ合う音さえ聞こえてまいります。

このほど御新築の御座所の前から、お庭づたいに深く木立をわけて行きますと、はるか向こうの低い所に、赤坂離宮へ参集する人々の姿が、木の間隠れにちらちらと見えます。金色の光まばゆき大礼服の内外文武高官や、今日を晴れと着飾ったその夫人たちのはなやかさ。

もとは洋装か袿袴と限られておりましたが、大正の御代になってからは、夫人は白衿紋付でもさしつかえないことになりましたので、参列の夫人も多くなるでしょうと噂されておりました。洋装は赤、黄、薄紫、ピンク、クリームなどと、色さまざまでなかなか美しうございますが、日本の紋付はたいへん立派な品でも色が限られていますので、遠くからはあまり見栄えがいたしません。そこに行くと袿袴姿はまたなく美しいものです。萌え出るような緋の袴に、色とりどりの袿、三々伍々と歩むところは、やはり絵のようでございます。

長年この会に臨御になっておりました先の皇后様も、大宮様とおなりになってからは、公の場所にはおいでになりませんので、御側につかえる女官も、その日のための気苦労はなくなりまして、呑気なようには思えますが、また一抹の寂しい気持もないわけではございません。

大正初めの天長節祝日

大正二年八月三十一日は、諒闇が明けてから初の天長節でございます。しかし八月末日といえば、あまりにも暑い最中なので、二ヵ月おくれた十月三十一日を天長節祝日と定められて、宮城内の祝宴もこの日に行われることになりました。

暗かった一年間の諒闇もようやく明けて、人々の気持も晴れやかに、この祝日こそは華やかにお祝い申し上げようと、花電車が幾台もでき、青山御所前も通るという話。

宮城内ではなんと工夫しても御覧に入れる術はございませんが、ここはよほどお手軽ですから日の暮れぐれにでも、お車寄せまでおひろい（歩く）願って、美しく灯の入った花電車を御覧に入れようということになりました。

女官もみな外に出てあちこちと木の下蔭などに集まっていれば、たとえ外から拝見した人があっても、誰とは定かにわかりますまい。大宮様がこんな近くで電車を御覧になるのは、本当に初めてのことで、ちょっと御興味もあるらしく拝しました。後の皇后宮様がたは一般人といっしょに学習院へ御通学でしたから、なんでも御存じのはずですが、この陛下は早くからのご内定でごくお若い時から、特別のご教育ばかり申し上げたとか承っておりますし、時代の違いもございますから、電車はご存じないほうがあたりまえなのです。

宮城におりましては、私たちでさえ思いもおよばぬことなのですから、今日はなにかしら久し振りで世の中が見られる上、そこら近くの人たちとも親しくなれたような気がして、まだ来ないか、まだ来ないかと、幾度か御門の脇までちょろちょろと眺めに行きました。

御門の向こう側の道路にも多勢集まって来て、十重はたえに人垣を作って見物しております。そのうち道路で見物していた誰かが、「わあ、来た、来た」と、大声を出しましたので、木蔭から出て見ますと、高砂の尉《じょう》と姥《うば》や、松竹梅模様の幕におおわれた鶴亀などと、おめでたい人形や作り物を乗せた電車が、色さまざまの電燈に輝いて、実に華やかな美しさ、心なしか御門前はゆるゆると通ったように感じられました。

大宮様もたいへん御満足で、「本当に綺麗だった」と、くり返し、くり返し仰せになっておりました。この辺でさえこの人出ですから、商店街はさぞ賑やかだろうなどと思っておりますと、大宮様が、

「もし市中の景色を見たい人があるなら、いってもよろしい」

と、仰せになって戴きましたので、さっそく出かける相談がまとまりました。夜のことでもありますし、どうせ馬車に乗ったきりでいるのですからと、みな不断着のまま帽子だけかぶって、二台の馬車で出かけました。

別にどこというあてもなく、ただ賑やかそうな繁華街への注文で、珍らしくオープンにしてもらったのです。そして虎の門あたりにさしかかりますと、提燈を持つ行

列がしだいしだいに多くなって、みな宮城へ宮城へと向かって進んで行きます。私たちの車は日本橋から銀座あたりへと目指していたのでございましょうが、喜びに興奮した人々が夢中になって「万歳、万歳」と、連呼しながら私たちの顔の辺まで提燈をさし出して、いつまでも、いつまでもついてまいります。

「外務省からの夜会帰りだろう」などという人、「いや皇后宮様もいるのだ」などと騒ぐ人、三越の上からは宮内省の馬車と見て、「万歳、万歳」と大声でわめきたてる、いやはやたいへんな騒ぎです。

日頃よく訓練されている馬ですから、すこしも驚かないようですが、何にしても生きものですから、ついている人たちは心配で気が気でないらしく、馬丁などは馬の口を取りながら、歩いてばかりおります。そのうち、おいおいと増してくる人波の渦に入ってしまったものか、もう進むことも引くこともできない始末になりました。

「もう進むのはやめて、どこか裏通りから帰りましょう」と、ようやくすこしのすき間を見つけて、逃げるように青山御所へ帰ってまいりました。

そんなわけで、第二陣の人々は行かないことになりましたが、いま思い出しても本当にあの人たちには気の毒なことをしたものだと思います。

晩年の昭憲皇太后

沼津行啓

秋もようやく深くなって、紅葉した木々の梢もおいおい寂しさを増し、朝夕は肌寒さをおぼえ始めた十一月、またまた沼津行啓を仰せ出されました。その当時、御用邸は方々にございましたが、大宮様は沼津が一番お気に入っていたようで、私が知ってからは他へは一度もおいでになりませんでした。

御出立の前日に、

「今度帰る時分には、あの絵も出来あがるだろうね」と、仰せられ、

「それはもう必ず出来あがっておりますと存じます」

などと皆でお答え申し上げたのでございますが、ああ、ついに残念ながら、御覧に入れることはできませんでした。

今度も長く御滞在になるらしいので、女官は半分ずつ交代することになりまして、

私は最初にお供をする番に当りました。

地方への供奉は、服装などあまり派手にならぬようとの注意は受けておりましたが、前年は諒闇中のこととて、みな喪服姿の真っ黒でございましたから、今年こそはとはればれした気持で、その日私は薄紫色のワンピースに、白薔薇を飾った大きなボンネットを頂き、胸には真珠入クロバーのブローチ、ハイヒール姿もさっそうと、日頃の憂うつもどこへやら、いささか得意顔で、白い手袋の内にはついこのほど新調したばかりの、ダイヤの指輪も光っております。

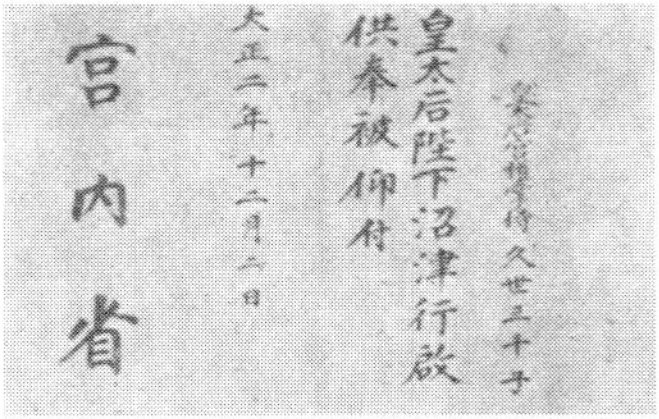
久世三千子

皇太后陛下沼津行啓

供奉被仰付

大正二年十二月二日

宮内省

供奉の皇太后宮大夫、女官長などの後に従って、しずしずと進みました。両側に立ちならばれた各皇族がたを始め、文武高官など多数のお見送りの中を、なかば夢心地で通りすぎ、やがてお召列車に乗り込みました。しかしこれが最後の供奉になろうとは、神ならぬ身の誰も知るよしがございません。

漁夫も御挨拶を

沼津御滞在中は、お寂しそうな大宮様を何とかしてお慰め申し上げようと、皆の心くばりで、玉突き、投扇興など、また時にはかるたといろいろの競技をいたしました。

　ことにまだ若年だった私は、お相手などということを忘れまして、勝ちたい、勝ちたいと、夢中で真赤になって騒ぎまわっておりますので、さすがの大宮様も、思わず御微笑になるようでございました。

　お相手をするために、玉突術という本もこの時はじめて手にして見ましたが、なかなか説明されているようなわけには、手のほうが運びません。宮城とは違って、何ごともだいぶお手軽で、海辺の御散歩や、ほど近い名士の別邸などにも、ちょいちょいお出になりますが、田舎のことなので、女官たちも気楽に不断着のまま、帽子だけかぶってお供申し上げたりいたしました。

　また暖かい日には、海岸でお昼食を召されることもございました。その時お供をしている将校に、お菓子を賜わるのでございますが、日頃こんなにお近い場所へ出たことのない若い人たちばかりなので、緊張のあまり手がふるえていて、渡すほうの女官が困るような場合もございました。

　しかしお手軽といっても今とは違って、一歩御門の外にお出ましになれば、ほんのすぐ近くでも、供奉将校も、兵も御供というわけですから、なかなか、そうお気楽にとはいかないので、たいていの場合はお庭の内で、松露《しょうろ》とりなどに興じておいでになりました。盛んに出ます日などは五百数十個も取れましたから、よい御運動にもなりますし、またなかなか面白いものでございました。

ある日お外庭で松露取りをしておいでになった大宮様が、ふと海岸のほうを御覧になると、ちょうど御用邸前を通りかかった一人の漁夫が、鉢巻を取って、「お早うございます」と、ていねいにご挨拶申し上げております。もとよりお顔などは知るよしもないのですが、毎年ここへおいでになるので、土地の人々もなんとなくお慕いもいたし、尊敬申し上げてもいたようでございます。

同じような服装の女官も多勢おりますので、陛下とわかるわけではございませんでしょうが、この素朴な行いをかえってお喜びのご様子で、いつもご微笑をもってこれにお答えになっておりました。

「芸者とは何をする人か」

またある時、男女でふざけながら波打ちぎわを歩いているのにお目を止められ、「あれはどういう人だろう」

とのお言葉に、

「よくはわかりませんが、女は芸者だろうと存じます」

と、申し上げますと、

「芸者とは何をする人」

と重ねて仰せられるので、

「酒宴の席などで、いろいろと世話をする女でございます」

「歩くとちらちら赤いものが見えるけれど、やはり着物の裏が赤いの」

「あれは長襦袢と申しまして、着物の下に着ております、ペチコートのようなものでございます」

おそばで聞いていた女官たちはみな笑っておりましたが、こんなこともめったにご覧になれませんから、いわばこれもお慰みの一つであったのかもしれません。

この陛下は、姫君の時分もご自邸のお庭でさえ、かつぎを召しておいでになったと承りましたが、普通一般の人の着る日本服は、一度もお召になったことがないので、下々《しもじも》の着物のことはすこしもご存じございませんでした。

その時分拝謁に出るほどの高官の夫人は、和服ならば袿袴、洋装も中礼服ときまっておりましたので、あの女の姿はたいへん珍らしいものと、ご覧になったらしうございます。

ハイネの詩集を手に

長い間のお転地ですと、お供も交代いたしますので、常の半数しかおりません。したがって毎日なにかと忙しく、私の気持もまぎれてはおりましたが、この時分の日記を出して見ますと、ある頁に、「秋の空は青く青く澄み渡り、よせては返す大波、小波、どこまでつづくのであろうか、白い鷗が二羽三羽、あゝ鷗よお前はどこに行くの、私は籠のとり」などと書いてありますから、やはり人しれず自由を求めて苦しんでいたのが、はっきりわかります。

私が尾上柴舟氏訳のハイネ詩集を手にしたのも、この頃からのように思われますが、ある日の夕暮時、受持ちの御用もちょっとひとかたづきしましたので、お庭に出て見ますと、誰かがお庭掃除でもしていたものか、海岸に出られる御門があいています。なんの考えもなく波打ぎわに出ますと、松並木が見え、その間を通してかすかにうかぶ夕日の美しさ、詩集の句を口ずさみながら、ふらふらと歩をうつして行きましたが、ふと我に返ると、もうほとんど暮れたといってもよいほどうす暗いのです。急

柳原典侍より在沼津の著者へ宛てた手紙
(宛名桜木内侍様の「様」は御所独特の書体)

ぎ足に御門まで帰って見ますと、もうすっかり締っています。はて困った、正門から堂々と入って行っても、誰もいけないとはいわないのでしょうけれど、御門前には衛兵もいれば警視もいます。どこかほかに入るところはないかとぐるぐる廻るうち、やっとのことで御邸内にまでは入れました。

しかしまだ、お内庭の御門があります。その戸はわりあい横桟が多いので、誰も見る人がないのをさいわい、まよよと飛びついてようやく入ってまいりました。するともうお雨戸をしめています。

遠慮がちにことことたたきましたら、折よく若い命婦の人が聞きつけましたので、

「すこし頭痛がしましたので、ちょっとお庭の風に当っておりまして」

「まあちっとも存じませず、失礼申し上げました」

と、お雨戸にある非常口をあけて、中に入れてもらいまし

た。

「いいえ、どういたしまして」

と、すましこんでおりましたが、あの御門に飛び上ったところなど、誰かに見られていたらなどと考えると、今でも汗が出ます。

この沼津へお供申し上げてからは、つぎつぎと珍らしい場所へもおいでになりますし、自分たちばかりの外出も許されるので、至極呑気になりましたが、そのためにまたかえっていろいろと思わぬ失敗談もございます。

浜の稲荷の御利益

いつ頃のことであったかは、しかと伺いませんでしたが、皇后宮様（その時の大宮様）が毎年この沼津へおいでになるようになったある夜のこと、お夢をご覧になりました。それは真っ白の美しいひげをはやし、白い衣服をまとった老人がお枕元に立って、

「私は浜の稲荷と申しまして、御用邸のすぐおそばにおります。御滞在中火の用心やその他いろいろとお守り申し上げましょう」

というと、煙の如く消えてしまいましたのだそうでございます。お目をおさましになってからも、不思議と思召しましたので、誰であったか供奉の女官にお話がございました。

それとなく属官にさがさせて見ますと、正門へ向かって右手のほう、御用邸をはずれたところから少しばかり行くと、海岸に出る松原の奥に朽ち果てて、屋根も傾いた小さな稲荷の社が見当りました。この土地の人々は昔から信心して祭ってはいたのだそうですが、ここは沼津の町からだいぶ離れた、人口も少ない漁村（桃郷村《とうごう》）のことで、お社を修理するほどのこともできず荒れるがままになっていたものとわかりました。

そこで大きさは昔の通りだったそうですが、新らしいお社を建てさせられて（表向きは誰の名になっているか知りません）なお鳥居一基をお建てさせになりましたので、その時の供奉員一同からも、鳥居を奉納したのだそうです。それ以来この地へお出になるごとに、陛下から一基（表向きのことは知りません）供奉員から一基納めるのが、習わしのようになってしまいました。

私も昨年、今年と二度お供をしましたから、その何十分の一かは納めたわけなのです。

今の天皇様〔昭和天皇〕がお小さい時分、よくおいでになっていた附属邸のほうに近い裏門から出ますとすぐなので、誰にも見つからず、まるでお庭つづきのような感じの場所でしたから、ちょっとお庭下駄をつっかけて行って見ました。その時分には、もう赤い鳥居がたくさん緑の松林の中に美しくならんで、小さいながらも立派なお稲荷さんと、誰にもわかるようになっておりました。

毎年二月上旬の初午《はつうま》の日には、この桃郷村の人々が集まって、お稲荷さんのお祭をいたします。その時には御用邸にも御赤飯や、お蕎麦を持って来てくれます。

陛下はもとより召上らないのですが、女官たちはみな面白がって、その日を待っていました。

御所とは違って御用邸のほうは、全体の規模も小さく、従って女官の住む部屋もいくらもございませんから、局といっても十帖ばかりの部屋を、真ん中から障子屛風で仕切って、それを二人で使っておりました。主人のほうは交代で奥に休みますから、いっしょにいることはございませんでした。各自が別々に自炊するほどの場所もございませんので、家来は本当の身のまわりの世話をさせるだけですから、一人ずつしか連れて行かれません。ですから供奉員全部の食事は、東京で御所に入っていて御料以外の食事（たとえば御機嫌伺いに出た人に賜わる昼食）を整える料理人が引受けて賄っておりましたので、私たちの家来のご飯までも炊いてもらっていたのです。

今日はいよいよその初午なのだそうで、お昼頃になると、近所からお蕎麦や、お赤飯を届けてまいりました。

「田舎で作ったおそばは、色こそ黒うございますが、味はたいへんよろしうございます。お汁の味はだめなので、魚精に作らせて食堂に出させましたから、どうぞ御自由に召上って戴きます」

と、竹の命婦が知らせてくれました。私はお蕎麦をあまり好まないものですから、お赤飯を戴きましたが、お蕎麦組はおいしい、おいしいとたいへんな評判でございます。それは味もよいのでしょうが、田舎の製品など滅多に喰べないので、なおさら珍らしかったのだろうと思われます。

やはりその日の夕方でした。

「おむらの天ぷらを召上るかたには、およろしいだけさしあげますから、お申込み戴きます」

と、命婦の人がふれ歩いていました。

この御用邸へは、男女ともに常の職員の半数がお供してまいっておりますから、御用のことにはさしつかえないのですが、やはり土地の風習とか、案内とかがわからないと不自由なので、男のほうにはもとここの駅長だった人が、臨時の雇員として、女には漁夫の妻で、「おむら」という婆さんが使い歩きなどをすると聞いておりましたので、天ぷらの話の出たとき私は、ああ、するとその婆さんが、取れた魚をあげてくれるというわけなのだなと考えましたので、

「山茶花内侍さま、おむらの天ぷらってなにをあげてくれるのでございましょう」

と、ききますと、

「ああ、あなたはまだ御存じないのね。おむらという人の名ではございません。鰯のことで、その天ぷらは取りたてですから、鰯でも案外おいしうございます。私もここで初めて食べました」

「あら鰯のことでございますか。まだ戴いたことはございませんが、では私もすこし戴いて見ましょうかしら」

と、大笑いいたしました。食堂へ行ってからうっかり間違えたことなど言ったら、他の人たちにも笑われるところでした。

食堂に出ていって待っていますと、料理人に揚げさせたばかりの物を、すぐ子供が持って来てくれますので、まだあつくて本当においしうございました。やはりこういうことは、狭くて手軽なほうが便利で、御所などではできないことでございます。こ

れは皆その日、土地の人からの進物ですと聞きましたので、

「やっぱりお稲荷さんの御利益《ごりやく》ですね」

と言いましたら、食堂にいあわせた人々が皆大声で笑いました。

皇太后宮御発病

この沼津でも桃郷村は特に暖かく、昔から「お魚をかついでいる時は走って通れ」と、漁夫仲間で言いつたえられているそうで、三月に入ってからは一段と暖かい毎日がつづきます。

年の暮からお供をしていた人たちは交代して、三月末には東京に帰ることになっておりましたので、ちょうど時候もよくなりますし、お留守ですから御用はなし、どこへお花見に行きましょうなどと、楽しいプランをたてて、いろいろと話あっておりました私たちでした。ところが突然たいへんなことが起こってしまいました。

大正三年三月二十五日、その日は空もよく晴れて、誠にうららかなよい日和でございました。諒闇中のため御延期になっていた、泰宮聡子《やすのみやとしこ》内親王様の御婚約遊ばされたよき日でございます。お式は四月二十三日と御決定になったので、いろいろと御報告

のため参邸されたお使いの園伯（元）に御対面になって、至極上々の御機嫌でお昼食を召されながら、種々お使の人からお聞きになったことなど、お話し遊ばされておりました。先達ってから、新帝両陛下の御行動についていろいろとお噂する人などある様子で、何かと御心配の種にもなっておりましたところなので、このおめでたいお話には、またお喜びもひとしおのように拝見され、至極長閑《のどか》に一日は過ぎました。

翌二十六日は、過ぐる日御病気見舞いをお戴きになった御礼を言上のため、東京より御訪問の東伏見宮両殿下と御対面、御機嫌よくいろいろと御物語りなど遊ばし、宮様ご退出後もなお、お楽しそうにご昼食におつきになりました。

ちょうど当番でございました私がお配膳申し上げて、いつもよりゆるゆるとお食事をおすましになり、御膳部のお品々を大半お下げして、消化剤のお薬をさしあげようとした時、突然何かお苦しそうな表情を遊ばしました。

「いかが遊ばされましたか」と、伺ってもなにもお言葉はございません。ただごとではないと感じて、お次ぎの間に控えていた命婦に眼くばせしますと、その意を読みとった命婦は、他の女官の人たちに急報いたしました。私は大きなテーブルを飛びこしてお肩に手をかけましたが、後になって考えて見ますと、どこをどうして向こう側までとびついたのか、自分にもわからぬくらいあっという間のできごとでございました。

急を知った女官一同がかけつけて、侍医を呼び出すと同時に、お床の上へお横にはいたしましたものの、今の洋装とは違って、お首の廻りからお手の先までしっかり肌についたお洋服で、しかもコルセットなども鯨の骨をたくさん入れた強いもので、すこしのすきもございません。どうかして早く楽な御姿勢にと、心はあせりますが、なんともよい術がないので、しかたなく多勢かかって布地をすこしずつ持上げながら鋏をさし込み、お洋服を小さく切り取って、ようやくお胸の辺をゆるくしてさしあげました。

拝診の結果は狭心症でいらせられました。

急報により東京からかけつけた侍医および青山、三浦の両博士と、女官も到着して、その夜からは人数が倍になりましたので、交代して昼夜おそばで、御看護申し上げることになりました。

その後は各皇族がたを始め、高位高官の人々が引きもきらぬお見舞いでございましたが、お気持を刺激してはとの心配で、内親王様がたでさえ、お次ぎのお部屋からそっと御様子を伺ってお帰りになる程度で、医者と女官以外は誰も御前には出ませんでした。

引続きわりあいご安静で、はげしい発作もお起こしにならず、うつらうつらとお休みになったり、時には「だるい、だるい」と、仰せられるので、お体をなでてさしあげると、またすやすやと御格子になります。お目がさめますと、

「もう私はたいへんよくなったから、皆も休むように」

などとはっきりしたお言葉に、まあこの分でおよろしければあるいはなどと、皆も幾分ご安心申し上げるようになりました。ある日、うつらうつら遊ばして、ふとお目が醒めると、ちょうどお横におりました私に、

「桜木に男の子が二人生れたそうだね」と、仰せられるので、驚いた私が、

「それは何のことでございますか」と、伺いました。すると、

「ああそれでは弟であったのか」

「いいえ、もう両親とも老人で、そんなことは……」

「ああそれでは夢であったのか」などとお笑いになっておりました。

その時は何も気がつかず、変なことを仰せになると思っておりましたが、後になって考えますと、あるいは若い者の前途をお考えになって戴いていたのかも知れません。

毎日幾度か拝診に出る侍医たちも、この分で再び発作をお起こしにならなかったな

らば、あるいはしばらくの間はおつづきになるかとの望みをかけていたようでもございましたが、お脳のほうは幾分弱くおなりになることもあり得るという説も出ましたので、私たちのうちでも、「御命さえ取り止めることができれば」と、いう人と、「今までの御聡明さが失われてしまうのでは、かえってお気の毒様で拝見しているのもつらい」と、いう人などさまざまで、いずれにしてもたいへんな御病気だと、みな憂うつな顔を見あわせておりました。

ある日、ふとお眠りからおさめになりますと、

「いま私が急いで桃山の明治天皇様のおそばに行こうとするのに、皆がまだ成らせられてはいけませんと止めるので、しかたなく引返したが、三十年後の日本の姿は見たくないものを、早い方がいいね」

と、仰せられます。何とお返事の申し上げようもなく、皆がうつむいて伺っておりましたが、この予言のようなお言葉を直接伺った私が、今にして思えば、三十年後の日本の姿は、決して御覧に入れたくないものの一つでございます。

何をお考えになっても、滅多なことをお口にお出しにならないご性質でもあり、御習慣でもありましたが、前途をいろいろとお考えになって、ふとお口に出たお言葉か、あるいはお夢か、御病中のこととて伺いませんでしたが、最早その御心中さえ承

るよしもないのでございます。

　四月七日の朝、うららかな春の日をいっぱいにあび、ぽかぽかと暖かい御病室でお目ざめになった大宮様は、「今日はたいへん気分もよいから、すこしお掃除をしてもらいたい」との仰せなので、お顔にはガーゼをかけて戴き、御室内は濡れた布で芥をふき取り、お入側やお縁側などはお障子をたてて掃き出し、御入側の盆栽なども新らしいものと取りかえました。

「ああご苦労、たいへんさっぱりとなりました。皆にもいろいろと心配をかけましたが、今日は気分もいいし、そのうちにはきっとよくなると思います。御伊勢様にはお礼の代拝をたててもらいたく、また供奉の人たち全部にも慰労の気持で、お料理をやりたいから、その運びにしておくれ」

とのお言葉で、久し振りに晴れやかなお顔、御側の一同もまあよかったと、安堵の胸をなでおろし、夕食は下賜のお料理を戴いて、久々ぶりで皆の笑顔を見ることもでき、今日の一日はすこぶる長閑でございました。

　しかし、翌々朝になって突然あのような、御急変が起ころうとは……。

崩御

　四月八日午後十一時頃、交代して御側に出た私に、

「今日はどうも気分があまりよくない」と仰せられるので、

「拝診を申し付けましょうか」と申し上げますと、

「なに大したことではないし、皆も休んでいるでしょうから、朝になってからでよい」

とのお言葉に、

「さようでございますか」

と申しながら、そっと御身体をなでておりましたが、一時間ばかり過ぎますと、

「もう何時。夜が明けるといつも気分がよくなるように思うのだけれど」と、大宮様。

「お心持を安らかによく御格子（おやすみ）になりますと、もうすぐ明けます」

などとお答えしておりましたが、おさすりしている手にびくびくと夢中でお動きになるのがつたわって、おいおいはげしくなります。どうもなにか御様子が変だ。

お次ぎの部屋に詰めている人たちに合図をしますと、控えていた侍医、女官の人々もそっと何気ない様子で集まってまいりましたが、もうしかとお目にはうつらないご様子でございます。

だんだんとお顔色も変り、二回目の発作をお起こしになりました。すっかりあけはなたれた御病室は、まだあけきらぬ暁の空気がひえびえと冷たいのですが、人工呼吸をあげている侍医たちの額からは、玉の汗が流れております。なんとかしてお助け申し上げようと一生懸命なのです。だが御呼吸はしだいしだいに衰えて如何ともせんすべなく、再びお戻しすることはできませんでした。ああ、ついに万事休す。

夢に夢見る心地で、唯々、みな呆然として声もない有様です。

医術の進んだ今日でさえしかたのないこの御病気、しかも四十年余も昔のことですから、如何ともいたしかたがなかったのでございましょう。それにしてもあの時代は、勅許がないうちは、御身体に針をさすというので、お注射をすることができず、急の間にあわないとか承っておりましたが、誠に御不自由な制度であったように思われます（近頃のことは存じませんが）。

側近の女官も数あるうちで、一番新参者の私が、いつも御前にいるときの出来ごとばかり、いわゆる何かつきせぬ縁《えにし》とでもいうものでございましょうか。

崩御の御報をお受けになると、さっそく御出発になった両陛下はお昼ころ御到着、お名残りを惜しませられました。

次いで内親王様がたがお進みになりましたが、皆様打ちしおれてお寂しそうな御顔、とてもまともに拝見することはできませんでした。各皇族がたも続々と御参邸になります。

ある夜の不思議な夢

それにしても半年ほど前のある日、私が夢に見たその有様が、かくも早く現実になろうとは、誠に悲しいきわみでございます。青山御所で宿直のある夜、なにを考えるともなくよく眠っていたつもりでしたが、ふと目の前に現われたのは、ずらりとならぶたくさんの真榊、その中央に飾られた祭壇、思い出すさえ身のすくむような崇厳な有様は、明治天皇崩御の時の殯宮そのままの景色でしたが、人は誰一人おりません。

私は思わず、

「これはどういう場所でございましょう」

と、言いました。するとどこからともなく太くて威圧するような声で、

「もう最後の拝謁ですからね、よくおみ顔を拝して、いついつまでも忘れぬように」

と、きこえて来ました。「はっ」と答えて頭を下げたとたんに目がさめ、ああ夢でよかったと、胸なでおろして床の上にすわっておりますと、隣りの同僚から、

「どうなさいました」

との声、

「いいえ、なんでもございません。ちょっと苦しい夢を見まして」

と、笑ってすませましたが、うっかり口にするのは慎しまなければなりません。しかし、なんとも自分一人の胸に秘めておくのも苦しくて、一番親しかった山茶花内侍(日野西)だけには、くわしくお話をいたしました。

悲しみの御帰京

つい半月前までは、朝に夕にお手に遊ばしていたお手廻りの品々や、お化粧の間の備品なども、今は早や無用となりました。他の人たちにまかせられぬものは内侍の手でと、それぞれのお箱に入れて一まとめにと、体はいそがしく働きながらも、いつか

手もとは涙にかすんでぼんやりとなってしまいます。

若い人たちは、青山御所の準備のために、すこしも早く帰るようにというので、半数ばかりはその日の夜行で帰京することになりました。

乗った列車の一室は、私たちの一行ばかりなのですが、誰もみな物憂くてか、口をきく人すらございません。どこから乗ったのか若い新聞記者が、同室の岩倉〔具張《ともはる》〕主事（宮内大臣だった人の息）になにかうるさくつきまとっていましたが、さすが私たちには話を求めませんでした。

朝からの慌しい出来ごとで、頭の内はただただ、ぼうとしてなにがなにやらわからず、心身ともに疲れ果てた身を、わけもなく運ばれて青山御所についたのは、まだ夜も明けきらぬ四時頃でございましたろうか。

どこをどう連れられてきたのかさえおぼえぬくらいに、うつろな心でおりましたが、馬車が閑院宮邸（元）の前を通って、赤坂見附から溜池にかかったとき、ああもう帰ってきたのだと、窓に目をやりますと、風もないのにはらはらと桜の花びらが白く降りかかってまいります。ああ桜ももう散るのだ。どうせなにもかも一度は散るのが定めであったのだと、特に感慨ふかく眺めましたのが、いつまでも心に残っております。

この陛下の御ためにこそ末長く、と思ったのも束の間、またもや永遠にお別れ申し上げるようなことになりまして、人の世のはかなさをしみじみと感じたのでございます。

なにぶん思いもよらぬ急の出来ごとなので、眼のまわるような忙しさ、ただただ人にいわれるままに準備に追われて時を過すうち、やがて御到着の時間も迫りまして、御出迎えのため宮城からおいでになった皇后宮様もお着きになりました。

御玄関前には各皇族がたを初め、高位高官が威儀を正してお迎え申し上げております。

その中央にならんでいるのは女官たち、特に人目をひきますから泣かないようにと、皆からいましめられておりましたが、どうしてじっと我慢しておられましょうか。

静々と進んできたお馬車がお車寄に到着した刹那、ああ四ヵ月前には御機嫌のよいご様子で、ここからお供申し上げたものをと、止め処なく流れ出る涙に、なんとせん術もなく、わっと隣りの人の肩に顔を伏せました。

「駄目、駄目しっかりなさい」と、背をたたかれてようやく身をささえ、一同と一しょにお供をして御座所にと入ってまいりました。

御座所の隣室、呉服の間にはお待ちかねだったあの絵のお襖が出来あがってたててございます。ああどうしてこれを御覧下さらなかったのでしょうか。口惜しい。公表は青山御所へ還御後というので、崩御は二日遅れの四月十一日午前二時四分ということになっております。

殯宮にて

殯宮《ひんきゅう》へお移し申し上げるまでは、世の常の家でいえばお通夜のように、ごく内輪の人たちばかりでお守り申し上げ、御生前とかわらず三度のお食事も差し上げておりましたが、ふと御膳部を拝見すると、日頃お好みだったお品の数々に、ああもう再び召上る日のないものをと、涙に曇る眼でぼんやり眺めながら、お供えするのでございました。特に御親戚に当られる一条〔実輝《さねてる》〕公父子や、柳沢〔保恵《やすとし》〕伯は、公用の暇々には時間の許す限り、昼夜の別なく詰めておられ、御大葬の当日までほとんど一日も欠かされなかったように記憶しております。

殯宮へお移し申し上げてからは、すべて祭官たちの手で、日々の供御《くぎょ》も奏楽の内に儀式通り行われることになりましたので、私たちは皇族、大臣、貴衆両院議長、将官、華族、各官庁総代等と一しょに、毎日昼夜交代で殯宮へ詰めていることになりまして、すべての行事の運行は大葬使掛の人々が受け持つことになりました。

朝日ののぼるような勢いにあった、あの時分のことですから、明治天皇崩御のときも、各国元首から贈られた花輪の数々は（銀製のものと生花のものとありました）おびただしいものでございましたが、今度はまた、先方も皇太后となられたかたがたからまで贈られましたので、ずらりとならべられた豪華さは、眼を見はるばかりで、さしも広い宮殿も狭く感じるほどでございました。

官吏としての位置は低くとも、側近者の故を以ていろいろの儀式への参列もゆるされ、特別の扱いをして戴いてはおりましたが、昼夜兼行の長い長い殯宮詰は、心身ともに疲れた私たち一同にとっては、相当身にしみるものでもございました。

休憩時など、椅子によってうつらうつらとしておりますと、「もう何時」と、仰せられた最後のお言葉に、はっと目をさますと、ああ夢だ、このお言葉こそはいついつまでも、耳から離れませんでした。

「長い長い病気で人からあきられるのはいやだから、死ぬ時は急病で」と、たびたびお話を遊ばしたのですから、さぞかし御満足のことでございましょう。それがせめてもの慰めでもあり、諦めでもございました。

津守権掌侍

常の日は洋装の喪服（黒カシミヤに黒のクレープでおおったもの）で、殯宮に詰めておりましたが御十日祭、御二十日祭などというような祭日は、黒麻の袿にこうじ色の袴、同じ布製の靴という服装で参列したのでございます。

殯宮詰は昼夜とも一時間ごとに交代して、各仲間から出ることになっておりましたが、ある夜のこと、ちょうど相番になって、一しょに詰所で休息しておりました津守権掌侍が、突然そう白な顔になって油汗まで浮べてたいへん苦しそうに見受けましたので、

「どうかなさいましたか、お苦しければ私が二回出ても宜敷うございますから、しばらくお局でお休みになりませんか」

と、いったのですが、元来なかなかの強情張りで、人の言葉を受けつけない人ですから、

「いいえ大丈夫です」

といったきりでした。しかし私はなおも注意してちょいちょい様子を見ております

と、よほど苦しいのか、とうとうくずれるように前に倒れてしまわれました。見れば早や交代の時間もせまっているので、世話をする暇もなく、室内電話で命婦さんにすべてを頼んで、殯宮へ出かけました。後に聞けば胃潰瘍でなかなかの重体、病院に運ぶのもむつかしいとのことで、局で静養されましたが、九死に一生を得て、恢復してからは、人が違ったかと思うくらいおとなしく、人にも思いやりのある優しい性質にかわりました。多勢のうちには、相当かわった人もございましたものです。

御大葬

今日はいよいよ御大葬の当日、この日は天も悲しんでか、降りみ降らずみの今にも泣き出しそうな空模様、側近者は皆、男は黒の装束、女官の袿も黒麻で、その上に白い肩衣《かたぎぬ》をつけた姿は、見るからに涙をそそられる有様です。霊柩の御後にしたがって、一同がお供申し上げ、再び帰りまさぬ京都への御旅立ちでございました。

大葬使事務官、式部官、祭官、その他の人たちの手によって、霊柩を御車寄にお出し申し上げ、そこからは蓮華斑《れんげまだら》などという牛によってひかれる牛車へとおうつし申し上げました。

キイイ、キイイッと、車のきしむ音とともに、静々とお車寄をお離れになりました。その瞬間、ああこれがもう最後の供奉と、またも涙です。長い長いこのお列が、御門前までお進みになるのをお見送りしてから、とても歩いてお供のできない私たちは、自動車で代々木の祭場に先着、そこで御到着をお待ち申し上げました。

祭場には、両陛下を初め各皇族、外国大公使、総理大臣及びその待遇者、陸海軍将官等と、たいへんな参列者でございましたが、側近者は特別にお近くへ席をあたえられました。

御到着後はいろいろとずいぶん長いお式が行われ、特設された代々木駅から霊柩列車が発車されたのは、翌朝二時頃だったとおぼえております。

お道筋ではなるべく多勢の人がお見送り申し上げられるようにと、小さな駅にもお止めするので、桃山まで二十四、五時間くらいはかかりました。時間交代ではございましたが、袿袴姿のまま、霊柩の御側に奉仕して、昼夜威儀を正していることは、馴れた身にもなかなかの苦痛でございましたが、この最後の行啓をお見送り申し上げようと思って、沿道の駅々はもとより、なんの資格もなくて、お近くには出られぬ一ぱんの人たちが、遠く畑の中にまでむしろなど引出して、伏し拝んでいる有様は、誠に涙ぐましいものでございます。

いかにのろくとも進行する汽車のことですから、とても拝見することはできないと知りつつも、少しでも霊柩の拝せるようにと、引きしぼったとばりを、両方から持ち上げていて、手のだるかったことなど、これが一ぱん奉拝者へのささやかな心づかいでもございましたが、今はまた懐しい思い出でもございます。

ようやくにして桃山駅にお着きになりました。供奉の二列車は後から出発して、すでにみな到着しておりますので、その列車で来た係官の手によって、万事用意はととのえられ、皆が整列してお待ち申し上げております。

お召列車到着と同時に、おりた式部官や、側近者一同は、最前列にならんでお迎えをするのでございました。

御召列車の中央（霊柩安置の室）につけられた金色の御紋章が係官の手で、さっと上に抜き取られると、列車の横側は観音開きのように両方に開かれて、霊柩をお出し申し上げました。今度は御鳳輦《ごほうれん》にお移しして、古代風俗そのままに、みな装束をつけた人たちの手によって、周囲を松明《たいまつ》でお守りしながら、お山へとお運びすることになりました。私たちはお山への御出発をお見送り申し上げてから、自動車で山上の休憩所へ急ぎました。

そこで洗顔、朝食をすましまして、乱れた髪や衣服をなおしておりますと、

「もうそろそろ御到着のお迎えですよ、用意はできましたか」と、伊藤〔博邦《ひろくに》〕式部次長（伊藤博文の養子）が来られました。一しょのお召列車でお供をして、先刻までは金ぴかの大礼服であったのが、ちょっとの間に黒い装束に烏帽子姿とかわっていました。

いあわせた人たちが、「まあお早いこと」と、いったので、「名優もはだしでしょう」と、笑っておられましたが、連日の心疲れにやや面やつれして、眼も真赤にしておられ、今度もまたなかなかの大役で、御苦労のほどもさこそと思われました。

やがて一同がお迎えするなかを、静々と御鳳輦は御到着になりました。

今度は高いお山へお上げするのでございますが、霊柩の傾かないようにと、特別に作った滑車付の台にお乗せして、静かにロープを引きますと、レールの上を音もなくすうっと滑るようにして山頂へ御到着になり、そして深く深くほり下げられた御孔穴にお鎮《しずま》りになりました。

この時ようやく東の空が、ほのかに白んで来るのを見受けました。

両陛下の御名代として御参列の閑院宮両殿下を先頭に、各宮殿下、宮内高官たちについで女官一同が、一握りずつの土を上からお入れしました。だがもう霊柩の御影は拝見できないほど、ずうっと、ずうっと、深い場所へお鎮りになってしまいまして、あたりはただ青白く緊張した参列者の顔ばかりほのかに浮んで、実になんとも名状しがたい崇厳な一瞬でございました。もしも近くに誰もいなかったならば「皇后宮様御機嫌よう」と、ここで泣きくずれていたでございましょう（すでに大宮様でございましたが、私たちは皆うちの皇后宮様と申しておりました）。こうして明治天皇御在世中、御撰定になっていた桃山御陵、天皇のお隣りに永遠にお鎮まりになりました。

しばらく休憩するうちに、土はもとの通りに盛り上げられ、その御前でお祭りが行われてから、昼ころ宿舎に当てられた京都の旅館に引上げました。

寝台車の冒険

次の日は、御鎮座翌日祭に参列、その日の夜行で東京に帰りますので、用意された列車に乗り込みました。人数もわかっておりますし、特別の列車ですから全員寝台に休むことになって、一室四人あて入ると、私は命婦のお婆さんたちといっしょの室に当りました。こちらが上席だからといっても、老人を高い場所に上らせるわけにもゆきませんから、

「私は寝台は上のほうが好きですから、この上に休みます」

と、最初から話しておきました。おのおの自分の身のまわりの品は、次の列車で侍女たちが持って帰るのですから、私たちは自分の身一つだけで、至って手軽なのですが、もう明後日は御五十日祭の御祭典が東京で行われるので、主だった人たちは大体この汽車で帰らなければ間にあいませんから、なかなかの混雑です。

前の箱は何々宮様、後は何宮様と何公などというので、乗ってからも行ったり来たり、ほうぼうでこまごまとの挨拶が始まっております。第一、あの長々しい挨拶をほうぼうでやっていては、いつ寝られるのだかわかりませんから、私は部屋に入ったきりでおりました。

それに御大葬の当日、代々木でくばられました折詰のために、すこし体を悪くしておりましたので、京都の旅館につくまでは絶食、それ以後も減食をつづけておりましたし、その上、夜間まで立ちつづけていたことも多いので、だいぶ疲れました。もしそのわけを話せば、この最後の御式に参列するのも、侍医たちから止められるかもしれません。それでは残念と、そしらぬ顔で過ごしましたが、ようやく勤め終ったと思う気のゆるみと同時に、もう全身くたくたで早く横になりたくて、義理にも我慢ができないのです。

見ればもう寝台の用意はできているのですが、上にのぼるにはふみ台が見当りません。

列車ボーイも定めし、あちらこちらの御挨拶につっかかっていて、間にあわないのでしょう。

さいわい、みな外に出て室内には誰もおりませんから、上段から下っているあの皮のバンドに（多分転げ落ちないためのものでしょう）両手をかけ、ようやく飛び上りました。せまくて頭はつかえますし、なかなか自由はきかないのですが、どうやら横になってしまいました。

しばらくして入ってきたお婆さんたちは、「あらまあ」と、驚いています。そのうちやって来たボーイも、「どうしてお上りになりましたかしら。遅くなりまして」と、不思議そうです。私は向こうむきになったまま、知らん振りで過しました。

故郷に帰る

残務整理

当分のうちは、ふとしたものの音も供御《くぎょ》の奏楽と思ったり、時には御大葬の御車のきしむ音かと聞えたり、来る日も来る日もぼんやりと、あらぬ方を眺めては涙ぐむ日がおおございました。だが、いつまでも皆がうかうかしているわけにはまいりません。

御主人のおいでにならなくなった御所では、普通の家と違って、お手元品はもとより、相当な調度品までも皆、一応処分することになっておりますので、長くお用いにならなかった装身具や、時計などを手入れに出したり、御棚飾りや、置物、屏風、衝立などの大きなお道具類も、金具を磨かせたり、古い外箱の仕上げをさせるとか、素人にできるものは、御道具掛や、属官に掃除をしてもらいました。またごくお手近のお品はみな自分たちの手でと、毎日毎日明けても暮れても、お道具類のうちに埋まりながら過しておりました。

　その間でも、御真影の御拝には両陛下も、皇族方も、またその他いろいろのお客もありますので、忙しいことにかわりはございません。

　御遺品としてお出しするのも、両陛下や、四内親王様方のように特別な御関係のかたは、どんな立派なお品をたくさんお戴きになっても、またいろいろといわれのあるお品があっても、誰にも文句はございませんが、平の皇族方となると、だいたい同じようなお品でなければいけません。

　たとえば、殿下には掛物、置物、屛風、花瓶、硯箱など、妃殿下にはその上、お指輪、お時計、ブローチなどといった装身具も一通りはつけるといったあんばいに。

　ずいぶんいろいろとたくさんのお品がございましても、同じくらいの物をそろえるとなりますと、なかなかたいへんで、あれでもないこれでもないと、その撰定もまた相当骨の折れるもので、ことに臣下に賜わるとなりますと、その人の位置関係などと種々雑多で、よすぎても悪すぎてもならず、御買上げ品はその当時の価格がわかっているとしても、献上物、ことに外国品などは見当すらむずかしくて、ついに専門家に価を入れさせるといった騒ぎでございました。

　また私たち側近につかえた者としては、どんな高価なお品を戴くより、いつもお身近で御愛用遊ばした物を願うのが、偽りのない本当の気持で、それこそ何よりの御遺品としてうれしく、得がたいものなのでございます。ことに毎日出し入れしたお指輪などは、思い出もひとしお深く感じられます。だからこそ考えれば考えるほど、なかなか仕事もはかどらず、残務整理がほぼ目鼻のついたのは、その年の暮れ近くでございました。

胸によみがえる面影の人

年輩の人たちはみな恩給を戴いて、前官待遇を受けるのですから問題はないのですが、若年者はおのおの身の振り方を考えねばなりません。

まだ二十三歳の私は、もちろん結婚するだろうと考えて、いろいろの方面の人々が、なかば面白くてからかっているのかと思うほど、あの人なら、この人ならと話をつたえて下さいますが、いずれもみな華族仲間の令息ばかりでした。

ある時、皇太后宮職の属官から室内電話がかかって、私に出てくれと言います。なにごとかと思うと、何某様という方が、

「京都の親御様にはもうお話もすましてある。本人さえ承諾すればというお答えまで

あったのだから、ぜひ本人を電話口に呼んでほしい」とおっしゃいます。こちらで外線につなぎますから、直接お話し下さいというのです。「いいえ、それは困ります。知らない人なのですから、たとえ電話でもお話はいたしかねますと言いましたと、おっしゃってください」と私は返事しました。

その日はそれですみましたが、翌日も、翌々日もかかってきて、「職業がいやなのか、人間が嫌いなのか、はっきり聞いてほしいとおっしゃいますが、属官も忙しうございますから、直接のお話を」と、言いながら笑っている様子です。属官仲間でもだいぶ評判になっていたらしうございました。それは貞明皇后宮様の従弟に当る人でした。

思えばなんの取り柄もない私に、なにかと言って下さるのは有難いのですけれど、会ったことさえない人では、ただの好奇心からだとのみ思われて、なんとなくいやな気持が致しますから、いましばらくはそんなお話は伺いたくございませんからと、みな断ってしまいました。

当時、祭官副長をしていた父は、御大葬のとき御供をして、京都へ帰ってからは、毎日桃山陵に勤めておりましたが、その同僚のかたから、

「お嬢さんのご縁談もたいへん早くおきまりになってお目出とう」

といわれたので、

「私はまだそんな話は聞いておりませんが」

と答えた。すると、

「ではやはり宮内省内の人ですから、本人たちばかりで話をきめたという噂が伝わっているのが、本当なのですか」

と、言われたとか、父からは親の許しも受けず、勝手に約束などするとは、不都合千万だと、たいへん立腹した手紙が来まして、こちらはなんのことやらさっぱりわからず、面喰らったなどという面白い出来ごとまでございました。

　あの当時二十三歳といえば、娘としてもう若いほうではございますまいが、あまり皆から早く早くと言われると、いささかありがた迷惑で、その後の話もみな聞き捨てにしてしまいましたので、ある人から、「そんなに意地っぱりを言っていると、もうお世話いたしませんよ」とおこられたこともございました。

　しかし、その時分ふと私の胸によみがえった面影の人、彼静夫（仮名）の姿がございました。

　その母はかつて仏語のお通弁として、皇后宮様に奉仕しておりましたので、気心もよく知っておりますし、先方でも私のことはよく分かっております。時々は御真影参拝にもまいりますが、人目も多い上、自分からそんな話もきり出しにくく、なんとかして彼のその後の様子を知りたいと、機会を待っておりました。

その間の事情をうすうす知っていた山茶花内侍が、ある日、

「ちょっと用事があって山川さんまで使いを出しますが、御用があるならご遠慮なく、なんなりともお伝えします」

と、言ってくださったので、

「ではこれを」

と、紅白のリボンでたばねた、パンジーと忘れなぐさの造花を彼にと贈りました。

きっと、きっとなにか返事があるでしょうと、その侍女の帰って来るのが待ち遠しうございます。

我もまた同じ思よ花小草
　おくりたびにし君が心と

角封筒の中から出たこの文字。ああやっぱりそうだったと、思わず胸にだきしめま

した。

先方の母はもちろん文句なく賛成してくださるだろうけれど、あの頑固な昔気質の私の父を、なんと説得して正式な結婚話にまで進めようか。

派手な生活ばかり夢見ている今、質素な学者風のこの家の話など、考えに入れてくれそうもございません。

今までは、「早稲田文学」「三田文学」「白樺」などいう文学雑誌ばかり読んでいました私が、婦人雑誌に眼を向け始めたのはこの頃からで、女として生きることを考え始めたあらわれでもございました。

第一、普通の家に入れば、また着物から夜具日用品までみな今までとは違って来ますので、雑誌やら、ほうぼうのデパートから送って来るカタログ相手に、服装のことを考え始めましたが、世間とは没交渉の生活をしましたので、なんの見当もつかず、つまらぬことながらも一応の苦心でございました。

お別れの御挨拶

皇太后宮職は御一周年まで置かれておりますが、およそ整理も終りましたので、その年の暮、若い者だけは随意、生家に帰ってもよいといわれました。その時までは絶対に許されなかった青山御所内で、職員一同が記念の撮影をして別れることになりました。

いよいよ京都に帰る日もきまりましたので、同時に下る者四人、両陛下へ御礼の御挨拶を申し上げるために参内いたしました。

北のお車寄せ（皇后宮様のお玄関）から、長い長いお廊下を通って「中の口」へと進みます。

二年前までは毎日毎日歩きなれた懐しい思い出のこの場所、だが御主人もかわれば女官の人々も、また調度品やその他の御様子もすっかり違ってしまいました。

先にたって案内して下さる女官の後に従って、静かに歩をうつしておりますが、何とたとえようもないへんな気持がします。

御勝手知ったこのお内儀を、思う存分一人でかけめぐりたいような懐しさと、また、一面では自ら捨てた女官の地位に、なんの未練があるものかと思えたり、自分の心ながらつかみどころもない有様でした。

その内、もと私たちの詰所だった場所にまいりますと、新帝様はお縁座敷までおいでになって、こちらを見てお笑いになっております。

皇太后宮職解散に際しての記念撮影
（於青山御所。前列右より三人目が著者）

席順の一番上だった昼顔内侍が、皆にかわって御挨拶申し上げ、私はただ頭だけ下げておりました。この日は新皇后宮様も殊のほか御機嫌よく、お笑顔で、「なかなか御苦労でした」などとのお言葉とともに、両陛下から御紋章入りのお手箱や、反物、お目録などを戴きました。

明治天皇崩御後、転勤していかれた人たちは、

「大宮様のほうと違って、日頃から御機嫌伺いに出る人もすくのうございますから、また御上京の時にはぜひ御機嫌伺いにお出になりますように。皇后宮様も定めし御満足でございましょうから」

と、幾度かくり返されました。同じよう

に転勤になった判任女官の人もみな出てきて、こまごまの物語りに別れを惜しんでくれました。

　中でも元食堂の子供だった秀（仮名）は、今はもう立派な一人前の御道具掛になっているのですが、懐しそうにお車寄までついてきまして、

「桜木内侍さまから戴きましたこのお洋服、ちょうどよいぐあいで、そのまま着せて戴いて重宝しておりますが、今度またお目にかかれるのはいつでございましょうか。実は私も幾度か下りたいと存じましたが、家に帰っても生みの母はおりませんし」

と、涙ぐんだ眼で見上げられました時には、返す言葉につまってしまいました。

　やはりまだこちらの風習に馴れないので、何かと苦労があるのでしょう。

「いずれまたそのうち東京に来るつもりですから、その節御機嫌伺いにも出て、またゆっくりお会いしましょうね」と、別れましたが、再びその機会もなく、またその気にもなりませんでしたが、あの人たちは今、どこにどうして暮しているのでしょうか。

　ついで高輪の東宮様（今の天皇〔昭和天皇〕）にも御挨拶に伺いました。当時たしかまだ数え年お十四歳だった殿下が、

「ながながとご苦労でした。また上京した時は御機嫌伺いに上るように」

と、大人もおよばぬような落付いたお態度で仰せになりましたのには、さすがと存じ上げておりました。

懐かしき京都へ

侍女たちが真心こめて作ってくれました荷物を、汐留駅から貨車一箱に載せて京都に送らせましたので、なにもなくがらんとした局に手持ち無沙汰でおりますと、高倉典侍が、

「もういよいよお別れですね。ながい間いろいろと御苦労さまでした。お体に気をつけて下さい。それに世間の目がうるそうございますから、つまらぬ失敗などはないように、早く身をかためてくださいよ。私もいずれ京都に移りますから、またお目にかかりましょう」

と、慈愛あふれる言葉と、

「下方《したがた》（一ぱんの民間）に下るとお召物も違うし、いろいろと別なものも必要だと思って、つまらぬ物ですが作らせておきました」

と、さしだされたお餞別は、お召の反物に、真珠の指輪、真珠入プロペラ形の帯止

め、金具まで添えた心入れの品々で、なにもかもさっそく役立つ有難い贈り物ばかりでございました。その他の先輩たちからもいろいろとお餞別をいただき、山茶花内侍とともに青山御所を去ったのでございます。

かねて予定したこととはいいながら、さていよいよとなるとまたなんとなくお名残り惜しい心も動きまして、自動車の中からおいおい遠ざかって行く御所を、振り返り振りかえり、いま一度引かえして行って見たいような衝動にさえかられましたが、「いや、いや、帰って見たとて、もう私の陛下はおいでにならないのだ。自分の生れた家に帰るのではないか」と、幾度も、幾度も自らの心に言いきかせておりました。

当時、彼静夫（仮名）は母とともに伊東に滞在しておりましたので、帰途たちよってはと母からの便りもあり、同行の日野西さんからもすすめられて、ずいぶん心を動かされましたが、京都からは父が迎えに来るという通知に、万事あきらめて直接帰国することにいたしました。

夜の出立ではございましたが、職の人たちやほうぼうの侍女たちなども多勢見送りに来てくれまして、またの上京の日をかたく約束して車中の人となりました。

発車するまでは見送りの人々と挨拶などかわしながら、わけもなく時間を過しましたが、いよいよ寝台に身を横たえた私は、実に感慨無量でございます。初めて上京したときのあの見すぼらしい新橋駅も、今はりっぱな東京駅になりましたし、飛び出せば墜落するのでびくびく眺めていた飛行機も、まだ自由自在とまではゆきませんが、毎日のようにごうごうと空をとんでおります。石油ランプをつけている家などは、どこにも見当りません。

しばらくと思う間に、世の有様はすっかりかわっているのでございました。

終生おつかえ申し上げようと心に誓った両陛下はすでに崩御なって、今は故郷に帰るわが身、人知れずそっと心に芽生えた恋を、完成するために今後はどんな方法で進めばよいのでしょうか。何ごとであれ一つ一つ親にばかりたよっていた昔と、今の心の変化。

輾転とするうち、いつか深い眠りに落ちたと見え、すこし寒くなったと気付きました頃は、米原あたりまで来ておりました。

京都駅に着きますと、迎えによこしてあった出入の自動車で、足かけ六年ぶりに我が家へ落着いたのでございます。

初めて東京に行った時は、三台の人力車をつらねて、ことことと出かけたものですが、今は至る所に電車や自動車が、通っていて、生れ故郷とはいいながら勝手がわからず、面喰うこともずいぶんございました。

孤独

帰宅したことを伝え聞いたといって、見知らぬ訪問客があったり、ほうぼうの新聞社の人たちがたずねてきたりします。昔は派手好きだった父のことで、人の出入りも相当多かったのですが、近頃は年老いた両親ばかりが静かに暮しているところだったので、女中たちも毎日の訪問者には大あわてでございました。

あの当時、宮中のことはいっさい外にはもらさない掟なので、もしやの好奇心から訪問する人もあるように思えますので、昔からの知人以外は病気のためといって、誰にも面会をいたしませんでした。

紹介などがあって止むを得ぬ時には、代理に父が会って話をしてくれました。

そのうちどこから手に入れたものか、ある新聞が京都へ移転した旧女官たちをつぎつぎと、昔の写真とともに紹介しまして、私のときには、今は病気で静養しているが一番若くて美しいなどと、とんでもないことを書いたものです。それから二、三日たつとちっとも知らない人から、須磨にある自分の別荘を無償でおかしするからじゅうぶん静養されるようにとの、御親切なお手紙など戴いておどろきました。

また父の知人を介していろいろの縁談を持ち込んでくれる人もございましたが、御一周年まではそういった話はやめたいからとの理由でみな断りまして、月一回の御命日に御陵まいりをする以外には、どこにも出かけませんでした。

昔の友達なども訪ねてきてくれますが、だいたいは子供づれなので、こちらはなにか勝手が違います。おたがいに昔のような呑気さはなくなって、言葉づかいなども改まっていますし、とかく話を子供のことに持っていくので、なにか調子を合せるのもむずかしく、親しさも薄くなったようにさえ思えます。一人娘で呑気だったこの友達さえ、昔とはすっかり変ってしまいました。実家にいて養子をもらったこの人さえ、家のこと、子供のことと気をくばるこの様子では、世間なみのお嫁さんとはどんなものなのでしょうか。

私はなにか素晴しい、詩の国というか、夢の世というか、そんな空想のような恋にあこがれていましたので、友達などの現実の姿を目のあたりに見ますと、またまた、結婚とは女にも幸福なのかしらと考えさせられたり、かと思うとむやみに東京の空が懐しく、裏庭に出てはただぼんやりたたずむという、自分でもなにがなんだかわからぬ月日を過しました。

若き子のもだえに果はなきものを

月に泣けばと君なとかめそ

帰宅後新聞などに書きたてられたり、つぎつぎと縁談を持ち込まれてなかなかにうるそうございましたが、人の噂も七十五日とやら、月日のたつと同時に忘れられて、あまり人目を引かなくなりましたので、時には市中見物にも行って見ましたが、なにがどうしたというわけなのか、心から笑える日というものはないようにさえ思いました。

御一周年祭を最後に

大正四年四月十一日の御一周年祭を最後に、御霊は賢所へお移し申し上げることになっております。

そのお式に参列するようにとの通知をうけましたので、今度上京の時にはぜひ彼の住居をたずねてと張り切っておりましたが、今度は母が同行いたしますし、参列のために必要な服装を整えたり、いろいろと面倒な打合せをするのに先輩の邸をたずねたりしておりますうち、予定の日数もどんどんたって、いよいよその御当日となりました。

今日こそはいよいよ最後のお別れと存じ、ひさびさ振りの袿袴姿で御真影の前にぬかずきました時は、万感胸にせまってなんとも形容しがたい心持でございます。京都に帰ってからまだようやく三ヵ月ほどしかたっておりませんのに、もうなにもかも遠い遠い昔の思出のようでもあり、またお道具もなにもなくなってがらんとした御所ではございましても、懐しい自分の家にでも帰ったようにも思えます。

もっとも最後まで残っていた人たちは、みな今日までここへ出勤していたのですから、空家というわけではございません。恩給組の人々も今日のお式が終りますと、各自京都へ屋敷をたてて、毎月の御陵参りを楽しみにするとの話でございましたから、また会うこともむずかしくはないのですが、昨年の暮に別れて以来のことどもをいろいろとおたがいに語りあったりもいたしました。

昨日までは諒闇中でございましたから、すべて喪の形式によってお祭り申し上げておりましたが、今度は神様として賢所へお鎮《しず》まりになるのでございます。

御霊をお乗せした鳳輦《ほうれん》の御列は装束をつけた多勢の人たちによって、前後左右からお守り申し上げられながら、思い出のお車寄から宮城さして御出発になりました。

その御列はおいおいと遠ざかって、だんだん小さく霞んでゆきます。いついつまでもと見えなくなるまで、頭を下げてお見送り申し上げている職員一同は、誰の心中もおそらく同じことでございましょう。

もはや永久に御側には行くことのできなくなった今日のこの日は、私たちにとってうれしいのか、悲しいのか、なんと名状すればよいのかわかりません。一瞬みな粛として、ただただ、たちつくしておりました。ああこれで完全にお別れ申し上げました。

もはや神様におなりになった陛下、私の女官生活もこれが最後でございます。

ある秋の日に

私の結婚について種々の曲折はございましたが、京都の主殿《とのも》寮出張所長になった日野西〔資博〕氏（山茶花内侍の兄で元の侍従）がいろいろとお骨折りくださいまして、正式の約束をいたしましたのは九月なかばでございました。

当時、恩給組の旧女官たちも新築をして、京都に引移っておられましたので、十月にはお別れの集いにと、華族出身の人たちを松茸狩にご招待いたしました。山道など歩いたこともない人ばかりですからどうかと思いましたが、かえって面白そうだといって、みな喜んで来てくださいました。おともの侍女たちも東京からついて来た顔なじみばかりなので、本当にうちとけた集りです。「私こそ一番たくさん取って見せます」と、お互に張り切って見せても、ふなれな山のことで、案内人から「そこにございます。上からおさがしになってはいけません。落葉のすこし持ち上っているところを、下から見ればわかります」と教えられて、ようやく一つ見つけると、「あった、あった」と、歓声をあげてたいへんな賑やかさです。

　取りたての松茸で御飯を作らせると、みな珍らしいので、「まだできませんか」などと蓋を取って見たりして、まるで子供のようなはしゃぎかた、用意させた食卓に折詰をならべて見晴しのよい山頂での昼食の一ときなど、本当に楽しい一日でございました。私の母などは「お局さんとは気むずかしい人の集りとばかり思っていたのに、案外気楽なかたがたでほっとした」などと言っておりました。この時が松茸狩は初めてだという姉小路さんが、「木の枝に髪の毛が引っかかったり、おたがいに遠方へ行った時の目じるしにこれをかぶりましょう」と、手拭を三十本くらい侍女に持たせて来られましたが、いつものことながら頭のいい人だと感心させられました。

　もうおたがいに勤めを離れた気安さと、いわゆる世帯の苦労を知らぬ人々ですから、終日子供のように遊びまわり、おみやげの松茸籠を持ってうれしそうに、いそいそと帰って行かれました。その後姿を見送りながら、やはりいい人たちばかりだったなと、つくづく思いました。

大正天皇の御即位式

大正四年十一月初めには、大正天皇の御即位式を京都で挙げられることになりました。

日頃静かなこの町も、すでに半年も前から人々の往来も繁くなっています。おのおの何かの係に任命されている人はもとよりのこと、参列者も多数来る予定で、旅館だけでは間にあわず、広い邸はみなその宿舎に当てられるというので、修理を急いでいる家もあります。華族会館分館では舞姫に出る人たちの練習が毎日つづけられるなど、たいへんな騒ぎでございます。

さて、今日はいよいよ陛下が、京都へ御到着の当日でございます。

人からさそわれましたので、そのお列をお迎え申し上げようと、御苑内にできていた華族の家族席へといっしょに出かけました。あの時分は早くから一般人の通行を止めましたので、なんでも半日近くむしろにすわってお待ち申し上げたように思われます。

そのうち天皇旗を先頭に、多数の儀仗兵も通過、お上は第一公式の金色燦然とかがやく六頭立のお馬車で、京都御所にお入りになりました。

この時皇后宮様は、三笠宮様御懐妊中だったので御参列はございませんでしたが、いろいろとお上のお世話を申上げるために、柳原典侍以下おもだった女官の人も、だいぶおともをしてこられたので、知らん顔をしているのもと、翌日御機嫌伺いに御所へ出ました。

「まあお久し振りで、さあさあどうぞ」

などと、喜んで出迎えてくれましたのは少数の判任女官で、

「御機嫌伺いは折を見て申し上げます。今日は皆様お忙しいので」

と、冷やかな様子でした。そこへ来合せた誰だったか、

「よその方とは違いますし、ただ今はちょっと御用もございませんから、あちらへ御案内申しましょう。久しぶりにごゆっくりお話でも遊ばしませんか」

と、とりなし顔にいわれましたが、喜ばれないお客の長居は無用と、

「お忙しいところをお邪魔申し上げては恐入りますから」と、早々にして帰りました。

お式後、女官たちが京都を出発された時も駅まで見送りに行き、こちらからはまず礼儀だけはつくしました。このとき駅で、宮様がたや旧女官の人たちにも出会いまし

た。

　御大典後の地方饗宴には正式の御招待を戴きましたので、再びこんな機会にも恵まれないだろうと、あまり乗気でなかった粟田口さんをさそって一しょに出席して見ましたら、参会者はずいぶん多勢でしたけれど、女は私たち二人と遥か向こうのほうに、学校の先生でもあろうかと思われる年輩の婦人の顔が一人二人あっただけでございました。服装なども振り袖ではあまり人目を引くと思いまして、わりあい地味な江《え》戸《ど》褄《づま》を着ましたけれど、昔からあまり女の出歩かない風習の京都で、ことに公の席への女の参会者が珍らしくてか、やはり来る人ごとに、じろりじろりと眺めて通りました。正式の席順で行きますと位階の違う粟田口さんとは大分離れてしまいますが、係の人の好意で隣りに席を移してくれました。

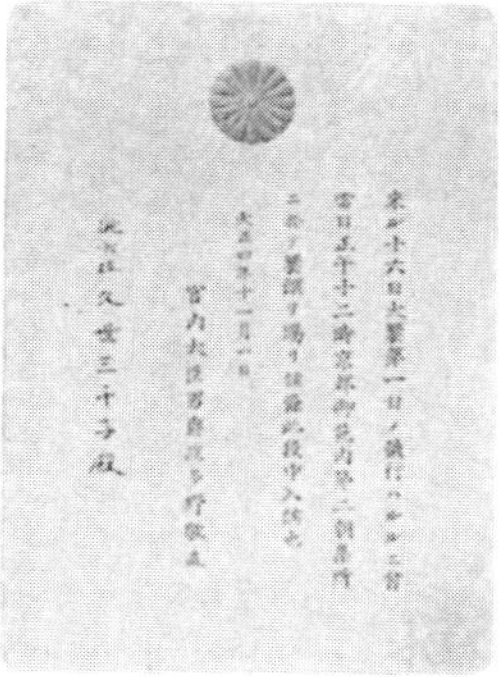
招待状

　この会場は第二の地方饗宴なので、陛下はおいでになりませんが、係員の司会で遥拝や乾杯をいたしました。
　祝宴が終りますと、そのお膳のまま全部戴いて行かなければならないのだといわれましたから、御祝酒は隣席の男のかたに始末していただきまして、一人ずつ用意してあった白い風呂敷につつんで、玄関に出てまいりました。

　参集の時は、おのおのいくらか時間も違いますのでさほどでもなかったのですが、帰りは一時にどっと集まりましたのでたいへんな混雑です。急ぐわけでもございませんから、

「すこししずまるのを待ちましょう」と、出るのを控えていますと、見も知らない青年が、

「お伴の車を呼びますから、合札をおあずかりいたしましょう。コートなどもおあずけになりましたか」

と、たいへん親切にお世話くださいましたので、終りまで待つこともなく、そのご親切を感謝して帰路につきました。自動車に入ると、栗田口さんが、

「いまの人ね、たしか私の遠縁にあたる某子爵の息子さんだと思いますの」

といわれました。

「ああ、それであんなにご親切にお世話くださいましたの。私はちっとも存じませんので、失礼いたしました」と私。

「それはね、こんなに親切な人間だとあなたに見せたかったからでしょう」

「それはまたどういうわけでございますの」

「あなたはちっともご存じないのですか。あなたの叔母様にお願いして求婚していられたのを」

「あら、そんなこと少しも存じません」

「振られたとも知らないで、一生懸命にお世話したのですもの、すこしは可愛そうだと思っておあげなさい」

「どうもそれは恐れ入りました」

ホホホ……と二人で、大声あげて笑い出してしまいました。

家に帰って父に話しますと、

「自分もあまり感心しなかったし、どうせ断ってしまうだろうと思って聞かせなかった」

と言いましたが、ずっと後になって父がお仲人をして、東京のかたと結婚されました。世の中は面白いものです。

この日、恩給組の人たちは誰も出席されませんでしたが、あるいは直接御所に召されたのでございましょうか。

話はずっと後のことになりますが、大正天皇御大患と承って、婚家の母は（明治時代お通弁をしておりましたので、恩給をいただいていました）取り急ぎ葉山御用邸へ御見舞いに参殿、いろいろと御様子を伺ってまいりました。そして、

「この次ぎ伺う時には、いっしょに出ましょうよ。お上はおわかりになるかどうかわかりませんが」

と、言っておりましたが、その時もまだ来ぬ内に、崩御になって宮城へお帰りになりました（その時分はもう今の陛下〔昭和天皇〕が摂政として、政務などはご覧になっておりました）。

明治天皇の御世継というこの上もないお身分にお生れになりながら、御誕生の時もたいへんなご難産だったそうでございますし、御幼少の頃にも重いご病気を遊ばすなどと、本当に御気の毒さまな方でございます。

常日頃、お内儀ではあまりなにごとも思召のようにならず、時には御不満の御様子などもあるとやら、うすうす承っておりましただけに、いとど御同情を申し上げてはおりましたが、こんなにお若くて崩御になろうとは、夢にも思っておりませんでした。

ああ御不幸だった陛下

大正帝は、ただ一筋に御両親陛下を御尊敬になっておりましたので、いつの頃の御言葉か直接伺ったのでない私は、よく存じませんが、

「わたしを生んだのは早蕨か、おたた様から生れた大清《おおぎよ》だと思っていたのに」

と、仰せられ、たいへん残念がっておいでになったとか、承りました。大清とはおかみ方のことばかりをいいますので、つまり臣下の腹からお生れになったのがおいやだったのです。

こういうことを承りますと、よく誰にでも写真をと仰せられて、お手元にはだいぶ女の写真もお持ちになりましたのですが、別に何という意味もなかったのでございましょうか。

ある時、弟が、

「ちょっと二、三日泊まりで京都まで行きますが、何かご用はありませんか」

と、いいますので、

「別に今お願いすることはありませんが、何をしに行くの。お暇をいただいたのですか」

「いいえ、本当に勅命のお使いです」

「それはまた何の御用かしら」

「先日、お姉さんは、お上に写真は手元にございませんとお返事されたでしょう。だから実はそれをとりに行くのです。なるべく小さい時のにしましょうか」

「そうね、十三以下のものがたくさんありますよ」

「お供を連れて、出張旅費をいただいて休暇とは、今度はお大名です」

「それも私のおかげよ。たくさんおみやげ持ってお帰りなさい」

と、冗談いって別れました。

写真をお集めになるのは、一種の癖とは思っておりましたが、何か晴れきらぬ心は自分ながらどうしようもありませんでした。
二、三年ののち、私たちが結婚披露をいたしました時、弟は当番でございましたので、欠席をする旨申しておりました。ところが当日急にまた出席するとの報でございます。あの時分はこんな時でも席順などが、なかなかうるそうございましたので、いささか迷惑にも思えましたが仕方がありません。後になってその理由をききますと、
「きょうは姉の結婚披露があるのだろう。いって見てこい」

とのお沙汰でございました。

「きょうは当番になりますので断りました」

と、申し上げると、

「許すから行ってこい」

と、重ねての仰せに、急に列席することになりましたとか。普通の人間が考えますと、こんなつまらぬ話をどこからおききになったのか、なぜそうまで御心におかけ下さるのか、どうもちょっと。

大正帝が初めて議会に行幸の時、お手元にあった、勅語の紙をくるくる巻いて、会場をお眺めになったとやらは、有名な話になってしまいましたが、ある時、姑と共に叔父健次郎（姑の弟）の宅に参りました節にも、実際に拝見した健次郎が、姑と語り合っているのをちらとききました。

しかしこんなことまでもいつか大宮様（昭憲皇太后宮）のお耳に入っておりましたのですから、明治天皇崩御後は、なかなかご心配が絶えませんでしたろうと存じます。

しかし、御立派な皇子様がたを、お四かたもお挙げになりましたのは、せめてものお仕合せというものでございましょう。

また、歴史の一ページとして御名の残る時は、第一次世界大戦の戦勝国の天皇であられます。崩御後もさっそく宮城に出た姑は、皇后宮様が妃殿下として御入内の節、宮城からのお使いとして九条家までお迎えに上ったとかの特別な御間柄にもかかわらず、申の口の上までも上らせられず、下から遥拝させられたとか、さすがの姑もいささか心よからず思った様子で、帰って来ての話に、ああ私などお見舞いにも上らないでよかった、たとえ出て見たとて恥をかくくらいのもの、遥拝ならどこからだって同じことです。もう今後は誰がなんと言ってくれても、宮城には出まいと決心いたしました。

崩御の公報が発表されると姑は急ぎ宮城へ参内、夫は勤め先へと出てしまって、一人残った私は女中たちの目をさけて自分の部屋に引込むと、思わずほおをつたった涙は、拭っても、拭っても止めることができません。なんのための涙でございましょう。

ああ、ご不幸だった陛下、今はもう御安らかに、永遠に静かに、静かに眠りませと幾度か祈りました。

附録　宮中の言葉

おもうさま　（父上）
おじじさま　（祖父上）
おみおつむり　（頭）
おぐし　（髪）
おみ肩　（肩）
おみ手　（手）
御違例　（ご病気）
御不例　（同　右）
むずかる　（泣く）
おひろい　（歩く）
おするするると　（滞りなく）
おしつけ　（お毒味）

おたたさま　（母上）
おばばさま　（祖母上）
おみかお　（顔）
おしん　（眉毛）
おみおなか　（腹）
おみすそ　（足）
おひる　（お目ざめ）
御格子　（お寝み）
いとぼい　（可愛いい）
お申分　（お障り）
すます　（洗う）
おかんばん　（献立表）

おすもじ　（すし）
おかちん　（餅）
おひら　（鯛）
たもじ　（蛸）
おいた　（かまぼこ）
ねもじ　（葱）
ごん　（牛蒡）
にゃく　（こんにゃく）
いしいし　（だんご）
うきうき　（白玉）
しろもの　（塩）
おゆに　（粥）
ひどる　（焼く）
おばん　（臣下のご飯）
御膳《ごぜん》　（両陛下のご飯）
おぬる　（陛下のお体温）

おまな　（魚）
おむら　（鰯）
えもじ　（海老）
するする　（するめ）
おからもの　（大根）
おかぼ　（南瓜）
おつくり　（刺身）
やわやわ　（おはぎ）
おすすり　（お汁こ）
おかべ　（豆腐）
おっこん　（酒）
はやす　（切る）
したためる　（煮る）
おしたため　（臣下に賜る食事）

しとね　（座布団）

ながさお（長持）
おなか（綿）
お召物（着物）
おかかえ（細帯）
おなか入れ（綿入れ）
おしたのもの（下半身肌着）
おとう（便所）
赤虫（のみ）

おひよ（襦袢）
おもじ（帯）
おみおび（同右）
おみあわせ（袷）
おこんご（草履）
や（商人）
長虫（蛇）

明治宮廷表見取図

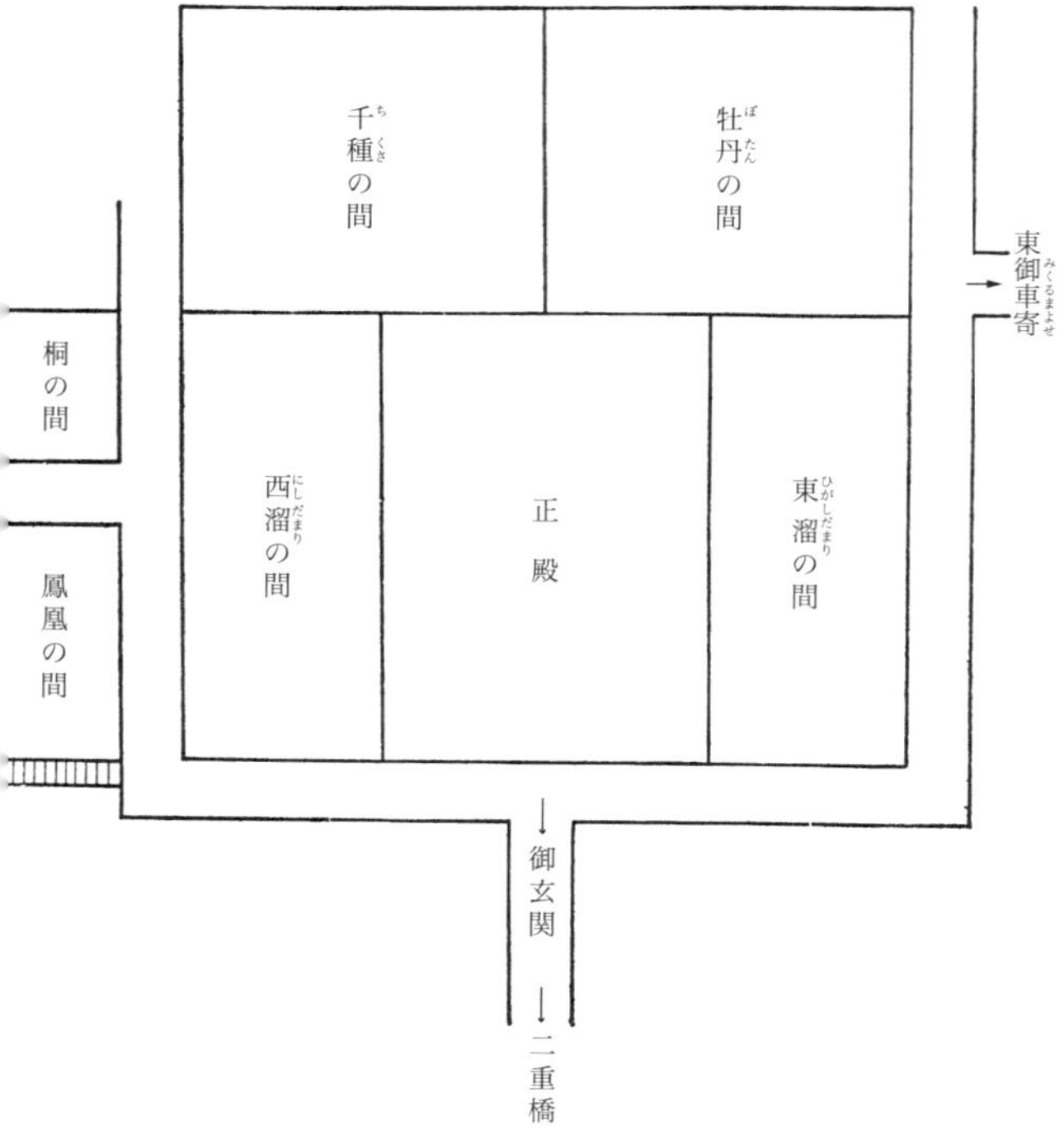
千種《ちくさ》の間
牡丹《ぼたん》の間
東御車寄《ひがしみくるまよせ》
桐の間
西溜《にしだまり》の間
正殿
東溜《ひがしだまり》の間
鳳凰の間
御玄関
二重橋

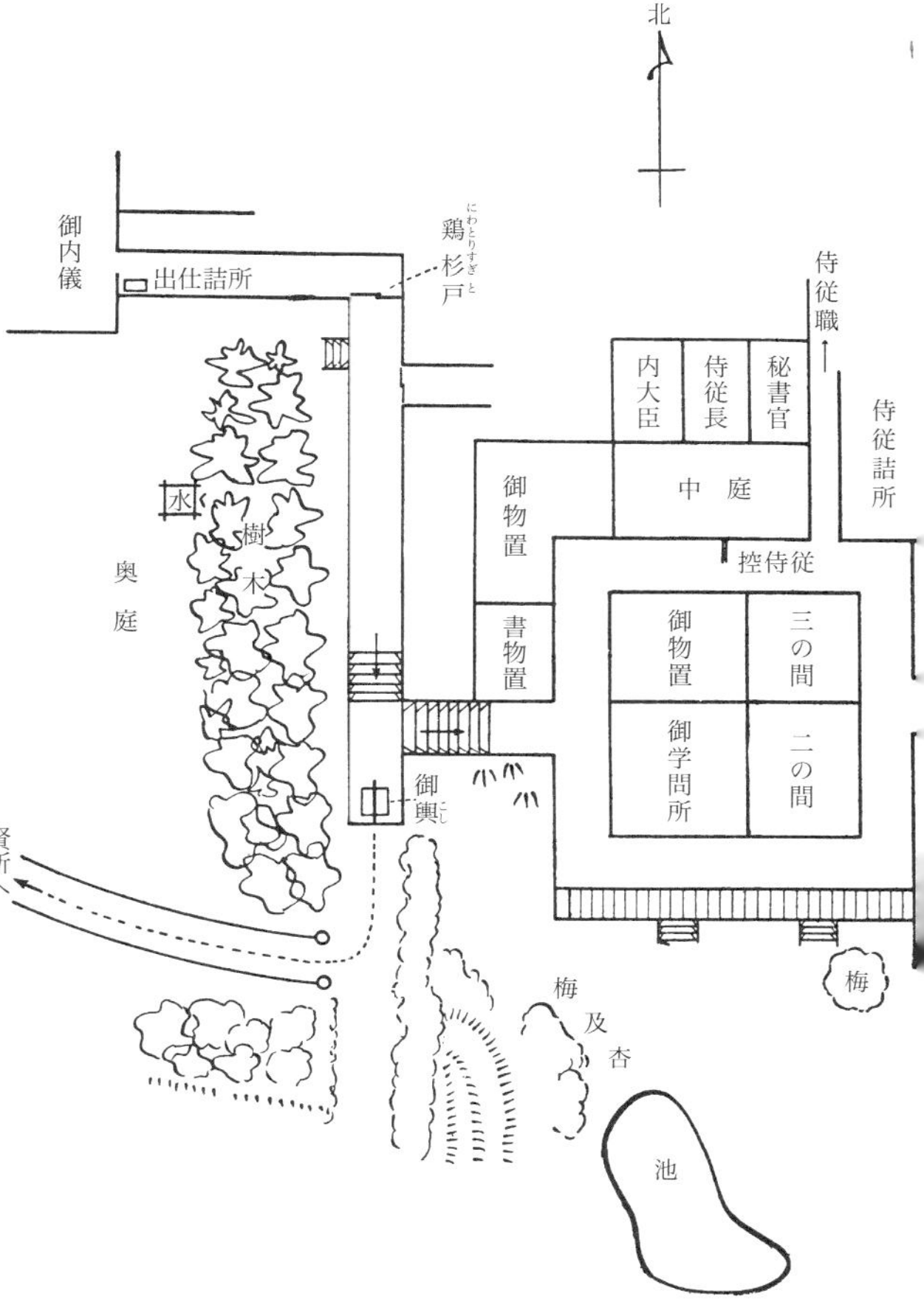

北
御内儀
出仕詰所
鶏杉戸《にわとりすぎと》
侍従職
内大臣
侍従長
秘書官
侍従詰所
御物置
中庭
控侍従
奥庭
樹木
水
書物置
御物置
三の間
御学問所
二の間
御輿《こし》
賢所へ
梅
梅及杏
池

明治宮廷御内儀見取図

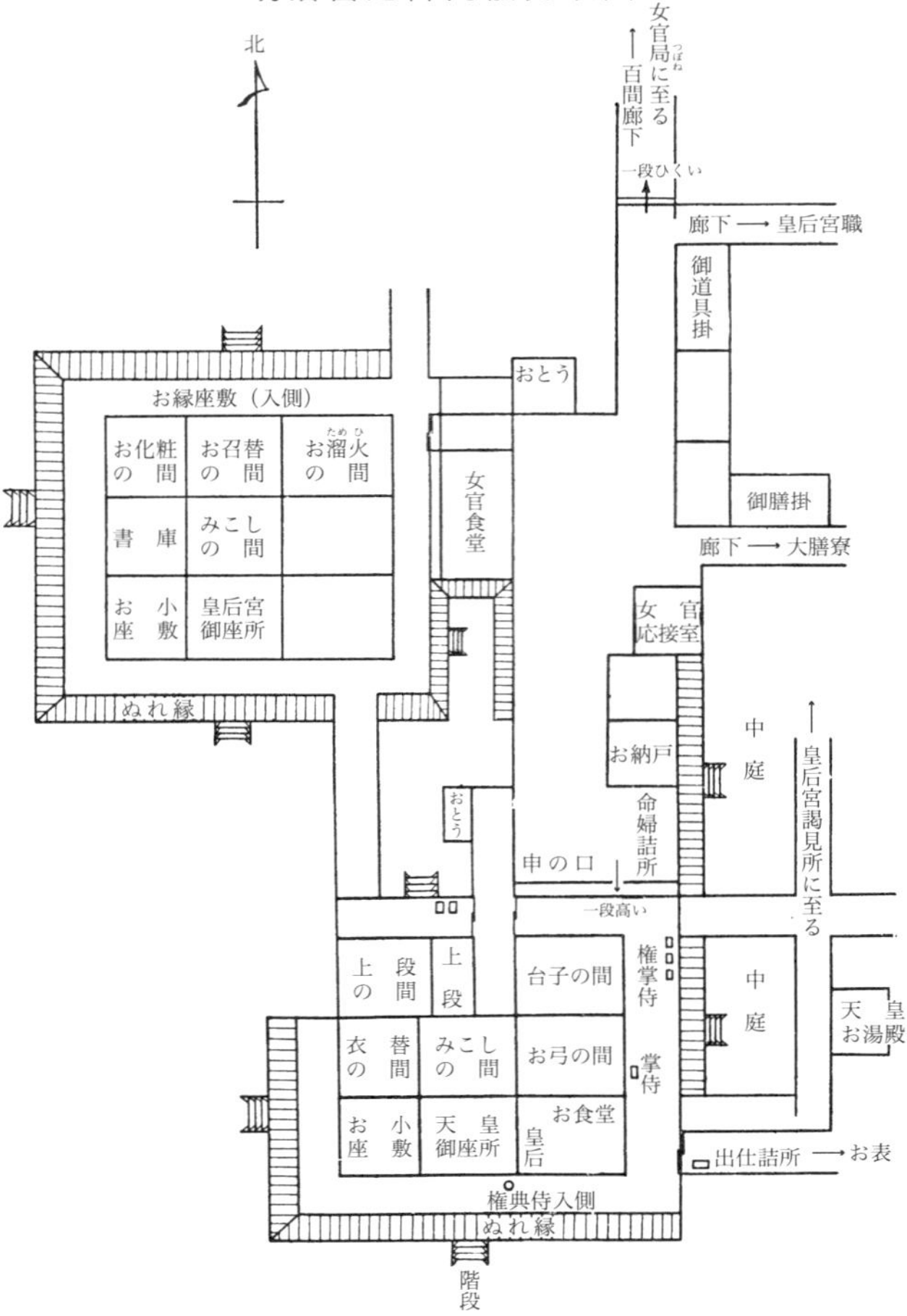

北
女官局《つぼね》に至る
百間廊下
一段ひくい
廊下 ⟶ 皇后宮職
御道具掛
御膳掛
廊下 ⟶ 大膳寮
おとう
お縁座敷（入側）
お化粧の間
お召替の間
お溜火《ためひ》の間
書庫
みこしの間
お小座敷
皇后宮御座所
女官食堂
ぬれ縁
女官応接室
お納戸
命婦詰所
中庭
皇后宮謁見所に至る
おとう
申の口
一段高い
上段の間
上段
台子の間
権掌侍
衣替の間
みこしの間
お弓の間
掌侍
中庭
天皇お湯殿
お小座敷
天皇御座所
お食堂
皇后
出仕詰所 ⟶ お表
権典侍入側
ぬれ縁
階段

女官時代の著者（左）。
右は日野西権掌侍

あとがき

昨年の四月には皇太子殿下の御成婚が挙げられましたので、その影響かいろいろの雑誌などに皇室のことを扱っているのをたくさん見かけました。

これが小説なら、まあこんなことでもあろうかという想像だけで、作者が勝手に創作するのでしょうから、私などがなにもいう筋合いはないでしょうが、記事として掲げるものならただの出鱈目でなく、本当のことを書いてほしいと思います。わからなければ書かないほうがよいのではございますまいか。「婦人公論」にあった平林たい子さんの文中にも、明治の両陛下の間がいつも冷たいとありました。私が宮中に奉仕した時分は、もうお年も召していたので、性的の交渉はおありになりませんでしたが、両陛下ともおたがいに相手の御人格を尊敬して、なにかとおいたわりのご様子は、誠にお美しいご夫婦でございました。

天皇も、御用をお言いつけになる以外には、権典侍にもむやみにお口などおききになりませんでした。

また皇后宮様から特別に賜ったお歌は、御真筆のはずです。昔はお家流で筆太にお書きになっていましたが、途中からすっかり書体をおかえになったので、二通りのお字がありました。そこでどこからか代筆というような噂が出たのかも知れません。しかし、古い御字のと、新らしいのと両方のお短冊を、私も拝見したことがございます。

美しい才媛だと書かれた柳内侍さんは、さぞかし草葉の蔭で目を白黒させているでしょう。お歌のために出た人ですから才女ではあったのでしょうが、どこから誰が見たらお美しかったのか。皇后宮様のお歌もその御代筆だと聞いたら、土の中で感泣していらっしゃるでしょうね。

松の命婦がお机を見たら、お歌があったとやらありましたが、原則として命婦は御室内には入りませんから、松さんなどが（私たちはこうよんでいました）見ることは絶対にありませんでしょう。命婦などが見ないために小池道子さんは士族出身ですが掌侍に任命されて、障子屛風をかこった中で皇后宮様のお歌のお写しをしていたのです。

加賀淳子《あつこ》さんの「貞明皇后」も読みました。

この両陛下こそは、悲劇の帝王でございましょう。大正天皇を失われてからの皇后は、まるで「黒衣の人」といわれてもよいような、黒一色の生活をされ、自分自身の手で加えられるそのような鞭はなにがため、とありましたが、その謎はやはりご自分の心だけがとかれるものでしょう。お四かたの皇子もあげられたのですから、お睦まじい時もあったのでしょう。

御賢明にわたらせられすぎて、となげいた人もあったとか。亡き天皇をしのばれる時があるなら、ふと浮ぶざんげのお心持がなかったとは申せませんでしょう。

天皇があられたればこそ、皇后になられたのですから。

小山いと子さんの「現代の皇后」の記事中に、昭憲皇太后宮のお目に止って、良子《ながこ》姫がお呼出しを受けたなどとありましたが、そんな事実はありませんでしょう。

明治天皇崩御の時、一度他の皇族のお子様がたといっしょに参内になったことはありますが、あの騒動の最中に、小さなお子様のお顔など見ていられるほど、心に余裕のある人はもちろんありませんし、昭憲皇太后のお口からお噂など伺ったこともありません。

貞明皇后は個性の強い方でございました。また秩父宮を特に愛しておいでになったのは事実のようですが、いわゆるお嫁様の母親がたに対する態度がはっきりちがっていたと書かれていますが、それはあの時代の皇室の風習として当然のことなのです。

皇后の母君、俔君《チカキミ》さまは（御所では妃殿下の名の下に君様とつけて呼ぶ習慣でした）皇族ですが、他のかたは臣下ですから、御所内の掟として、御対面の場所も違えば扱いもちがうのが当然なのです。ことに松平信子さんは貞明皇后の御用掛として、ほうぼうへおともまでしていたかたですから、お親しいのもまた止むをえないので、それまでとやかくと、わがままな偏見と評しては、貞明皇后も御気の毒さまです。

朝な夕な親しくお仕え申し上げた両陛下に、お別れ申し上げてから、はや四十年余の月日は流れました。

時には過ぎし日のまぼろしを夢に見たその宮殿、目もまばゆきまで豪華絢爛たる正殿や、鳳凰の間、千種《ちくさ》の間などいう表御殿、また神々しきまで清楚《せいそ》な奥のお住居など、今ははや戦火に消え失せて、再び現実には見るよすがもないが、脳裡に深くきざまれた両陛下の御面影は消ゆる日もなく、またその思い出は私の命の有る限りつづくことでございましょう。

公表を許されなかった御内儀での御生活は、世上いろいろとあやまり伝えられておりますので、拙なき筆をも省みず思い出すままを記して見ました。

昭和三十五年二月

山川三千子

解説　宮中の「闇」をあぶり出す

原　武史

近代天皇制研究の最大の難点は、御製《ぎょせい》と呼ばれる和歌を除いて、天皇や皇后（皇太后）が書いたものがほとんど公開されていないことである。確かに最近では、『明治天皇紀』に続いて『昭憲皇太后実録』や『昭和天皇実録』が刊行されるなど、研究環境が整ってきているように見えるが、こうした資料は宮内省や宮内庁が編修しており、基本的に天皇や皇后の生涯を顕彰するという政治的意図が込められていることに注意しなければならない。つまり、マイナスの情報ははじめから遮断されているということだ。二〇〇二年から一一年にかけて公開された「大正天皇実録」も、学業成績や病気の詳細な診断が書かれた部分については黒塗りされていて見ることができない。

したがって、公式の資料だけを見ていても、天皇や皇后の実像に迫るには限界がある。むしろそれらが取り上げない宮中関係者の私的な回想録のなかにこそ、生身の人間性を剝き出しにした天皇や皇后の等身大の姿が描かれている場合があるのだ。

一八八八（明治二十一）年十月に完成し、一九四五（昭和二十）年五月の空襲で焼失した宮殿（明治宮殿）は、大きく分けて「表」と、「御内儀」と呼ばれる「奥」に分かれていた。前者は天皇が政務を行う公的空間を、後者は天皇や皇后が生活する私的空間を意味した。一般国民はもちろん、天皇に面会を許された政治家や軍人すら見ることのできない天皇や皇后の人間像があらわになるのは、言うまでもなく後者のほうであった。そして後者の背後には、皇后統轄のもと、多くの女官が住み込む「局《つぼね》」（女官局）と呼ばれる、男子禁制を原則とする空間があった（一二一頁）。

実はこの女官たちこそ、侍従や侍医などとともに生身の天皇や皇后と日常的に接することができたという意味で、特権的な人々であった。しかし彼女らは「すべて宮中内のことはどんな些細な事柄も、親兄弟にさえ話してはならないのですよ」（一七頁）と言われていたため、情報が外に漏れることはずっとなかった。皇太子明仁（現天皇）と正田美智子（現皇后）が結婚した翌年に当たる一九六〇（昭和三十五）年に公刊された本書は、このタブーを初めて破り、一人の元女官がそれまで誰も知らなかった近代の天皇や皇后に関するエピソードを生々しく記した点で、きわめて衝撃的であった。

本書の著者、山川三千子（一八九二〜一九六五）の旧姓は久世《くぜ》で、一九〇九（明治四十二）年に宮中に出仕した。そして明治天皇より三歳年長でありながら、「世俗四つ目と称して之を忌む」（『昭憲皇太后実録』慶応三年六月二日条）ことから公式には二歳年長とした皇后美子《はるこ》（昭憲皇太后。一八四九〜一九一四）に仕える皇后宮職の女官（権掌侍御雇《ごんしょうじおやとい》）となった。

採用試験に当たるお目見得《めみえ》のさいには皇后ばかりか明治天皇も立ち会い、「あちら〔三千子〕の方がいい」という天皇の一言で決まったという（一七頁）。そのせいか本書では、明治天皇と皇后美子が理想の天皇と皇后と見なされており、この二人に仕えた日々が輝かしく描かれている。

だが、皇后美子からは子供が生まれなかった。第三皇子として生まれた大正天皇を含むすべての子供が、女官（権典侍《ごんてんじ》）から生まれたのだ。「あのご聡明な皇后宮様に、お世嗣の皇子がお生れにならなかったことは、かえすがえすも残念なことで、根も葉もない私の空想が許されるならば、もし皇太子様でもおよろこびになっていたら、あるいはそのために日本の歴史の一部に変更がなどと、果無《はかな》い夢もふと浮んでまいります」(六八頁)。この一文は過激である。もし皇后が皇太子を生んでいたら、あの敗戦はなかったかもしれないと言っているように見えるからだ。

明治天皇に仕える日々は、長くは続かなかった。天皇は一九一二(明治四十五)年七月十九日夜に突然倒れ、七月二十九日に死去したからである。三千子は、「もしもこのお上が、もっともっと長く御在世であったならば、我国もこんなみじめな姿には、なっていなかったのではないでしょうか」(五八頁)と述べている。敗戦から十五年を経て高度成長の時代が始まってもなお、三千子は敗戦を忘れてはいなかったのだ。それはそのまま、明治天皇を引き継いだ天皇に対する批判につながっている。先の一文と合わせると、大正天皇や昭和天皇に対する評価のほどがうかがえよう。

実際に本書では、大正天皇に関して、それまで決して聞いたことのなかったエピソードが語られている。皇太子時代から三千子に目をかけ、火のついた葉巻煙草を三千子の前に出して「退出するまでお前が持っていておくれ」と話したこと(九三頁)、臣下の言上が長くなると、退屈のあまり椅子から立ち上がってしまうこと(一八八頁)、輿《こし》のなかでも落ち着きがなく、ひょこひょこ動くこと(一九四頁)、女性の写真を集める性癖があったこと(三一三〜三一四頁)などである。並み居る女官をさしおいて、三千子にだけ葉巻煙草を持つよう頼むくらいなら微笑ましいエピソードといえるかもしれないが、本書に描かれた大正天皇像はそんなレベルではない。明らかに三千子に好意をもち、天皇としての節度を越える振る舞いに及ぶことも一度や二度ではなかった。

大正になったばかりの頃、三千子は御内儀の廊下で天皇にばったり会ってしまったことがあった。大正天皇が「自分の写真を持っていないか」と言いながら三千子に迫ってきた体験を語るくだり（二二四〜二二五頁）は、本書の読みどころの一つといえる。おそらくこうした体験があったからだろう。三千子は皇后宮職に移って大正天皇と貞明《ていめい》皇后に仕えることを拒み、「今まで通り皇太后宮様にお使い戴くなら奉職いたしたいと存じますが、こちら様に御不用ならば生家に帰らせて戴きます」と女官の最高位に当たる典侍の柳原愛子《やなぎわらなるこ》（大正天皇の生母）に言った（二二八頁）。愛子から露骨に嫌な顔をされながらもこの願いは聞き入れられ、三千子は宮城（皇居）へは行かずに皇太后の住む青山御所にとどまり、女官の地位も本官の権掌侍へと上がった（二三六頁）。

それでも、大正天皇の執心はおさまらなかった。天皇は、何かと理由をつけては青山御所にやってくると、「〔三千子の〕姿の見えない時までも必ず名指しをしてお召になって、何かとお話かけになる」（二三八頁）。三千子の気持ちを察し、天皇がやってくるときに三千子を病気欠勤にしたのは、昭憲皇太后であったようだ。三千子は一九一四（大正三）年に退官し、翌年に山川黙《しずか》と結婚するが、なぜか天皇は結婚披露宴の日を知っていて、三千子の弟で侍従職出仕の久世章業に見に行くよう命じたという。三千子は、「こんなつまらぬ話をどこからおききになったのか、なぜそうまで御心におかけ下さるのか、どうもちょっと」（三一五頁）と本音をぶちまけている。

三千子が美人であったことは、三千子自身が「ある新聞が京都へ移転した旧女官たちをつぎつぎと、昔の写真とともに紹介しまして、私のときには、今は病気で静養しているが一番若くて美しいなどと、とんでもないことを書いたものです」（三〇一頁）と述べている。ある子爵の息子から求婚されたこともさりげなく披瀝している（三一〇〜三一一頁）。大正天皇に気に入られたのもむべなるかなである。

三千子は、女官に採用されるさい、「別の日に出られた烏丸《からすまる》花子さんが、東宮さまの方へゆかれることになったのだそうでございます」（一七頁）と述べている。つまり三千子は皇后宮職の女官になったのに対して、花子は東宮職の女官となったわけだ。この違いが二人の運命を分けた。花子もまた大正天皇お気に入りの女官になるが、一九一七（大正六）年に退官している。

それを伝える記事が、同年十二月二十九日付の『時事新報』に掲載された。この記事を見た作家の徳冨蘆花《とくとみろか》は、「初花の内侍（烏丸花子のこと――引用者注）が宮中を出た、と新聞にある。お妾の一人なんめり」と日記に書いている（『蘆花日記』六、筑摩書房、一九八六年）。花子は大正天皇の「お妾の一人」であり、天皇との間に性的な関係があったと推察しているのだ。これがもし事実ならば、二人の運命の違いはまことに大きかったと言わねばなるまい。

三千子は、大正天皇に対してだけでなく、貞明皇后に対してもあまりいい評価をしていない。最初に違和感を抱いたのは、明治から大正になり、烏丸花子も一員だった元東宮職の女官たちとたびたび会うようになったときであった。「何かと全体の風習が違うらしく、皇后宮様のピアノにあわせてダンスなどしていられたとか聞くとおり、皆なよなよとしたいわゆる様子のいい方ばかり、それに引きかえこちらは力仕事などもする実行型といった人が多く、ちょっとそりのあわないような感じを初めから受けました」（二二三頁）。これもまた痛烈な文章である。皇后の西洋風趣味に女官たちが毒され、外見ばかり女っぽくなっていることに対する嫌悪感が吐露されているからだ。

後のことであるが、一九二一（大正十）年に皇太子裕仁（後の昭和天皇）が訪欧し、帰国するや生活全般を西洋風に改めると、皇后は正座ができなければ祭祀を行うことができず、神への信仰もおろそかになるとして危惧の念を抱いた（原武史『皇后考』、講談社、二〇一五年）。昭和天皇の弟、秩父宮雍仁《やすひと》も、一九五一（昭和二十六）年に貞明皇后が死去した直後に「世の中の移り変りに従って宮中の例を改めるということには、きわめて消極的であった」と回想している（「亡き母上を偲ぶ」、『皇族に生まれて』、渡辺出版、二〇〇五年所収）。しかし三千子に言わせれば、貞明皇后はもともと西洋風だったのであり、宮中に悪しき風俗を持ち込んだということになる。

しかも貞明皇后は、大正天皇が三千子に好意をもっていることを見逃さなかった。それもそのはず、天皇はたとえ皇后を同伴しようが、三千子に対する態度を改めようとはしなかったのだ。「ちょっと皇后宮様のお顔をご覧なさい」（二三八頁）とささやかれたということは、傍から見ても皇后の表情は明らかに変わったのだろう。

三千子について皇后は、「あの生意気な娘は、私は大嫌いだ」（同）と公言していたという。一種の嫉妬であろう。ちなみに烏丸花子が退官したときには、徳富蘆花は「お節《さだ》さんのいびり出しだ」と推測している（前掲『蘆花日記』六）。貞明皇后の名は節子《さだこ》であるから、「お節さん」は皇后を意味する。三千子が退官し、京都に帰ることを皇后に報告したとき、皇后は「殊のほか御機嫌よく、お笑顔で、『なかなか御苦労でした』などとのお言葉」（二九六頁）をかけたというのも、皇后にとっての「目の上の瘤」が一人減ったからのように見えなくもない。

貞明皇后に対する三千子のトゲのある言い回しは、幾重もの陰影を帯びつつ、「あとがき」に至ってついに頂点へと達する。


大正天皇を失われてからの皇后は、まるで「黒衣の人」といわれてもよいような、黒一色の生活をされ、自分自身の手で加えられるそのような鞭はなにがため、とありましたが、その謎はやはりご自分の心だけがとかれるものでしょう。お四かたの皇子もあげられたのですから、お睦まじい時もあったのでしょう。

御賢明にわたらせられすぎて、となげいた人もあったとか。亡き天皇をしのばれる時があるなら、ふと浮ぶざんげのお心持がなかったとは申せませんでしょう。天皇があられたればこそ、皇后になられたのですから。（三二五～三二六頁）

不思議な文章である。一読しただけでは、何が言いたいかよくわからないからだ。だがよく読むと、三千子は大正天皇と貞明皇后との仲を疑っていることがわかる。天皇が女官に手を付けたがるのは、必ずしも天皇だけの問題ではない――三千子はこう言っているのだ。

三千子自身も誤解されたように、貞明皇后は嫉妬深い性格であった。そして大正天皇の体調が悪化すると、天皇をさしおいて大きな権力をもつようになり、まるで自分が天皇であるかのごとく振る舞っているように、三千子には見えたのではないか。「天皇があられたればこそ、皇后になられたのですから」という最後の一文は、貞明皇后は決して自らの力で皇后になったのではないのに、本人はそのことをまるでわかっていないと言っているようにも読み取れよう。

このように、本書には数多くの謎めいた文章が収められている。それらの謎が解かれることは、おそらく永遠にないだろう。管見の限り、公式の資料だけではわからない宮中という世界の「闇」をこれほどあぶり出した書物はない。そしてそうした「闇」は、いまなお完全に消え去ってはいないのである。

（放送大学教授）

KODANSHA

本書の原本『女官』は、一九六〇年に実業之日本社より刊行されました。

山川三千子（やまかわ　みちこ）

1892年（明治25），子爵・久世通章の長女として京都に生まれる。1909年，宮中に出仕し，明治天皇，昭憲皇太后に仕え，1914年（大正3）に退官。翌年，後に旧制武蔵高校校長となる山川黙と結婚。1965年（昭和40）没。

講談社学術文庫

定価はカバーに表示してあります。

女官《じよかん》　明治《めいじ》宮中《きゆうちゆう》出仕《しゆつし》の記《き》

山川《やまかわ》三千子《みちこ》

2016年7月11日　第1刷発行
2023年6月5日　第19刷発行

発行者　鈴木章一
発行所　株式会社講談社
　　　　東京都文京区音羽 2-12-21 〒112-8001
　　　　電話　編集（03）5395-3512
　　　　　　　販売（03）5395-4415
　　　　　　　業務（03）5395-3615
装　幀　蟹江征治
印　刷　株式会社ＫＰＳプロダクツ
製　本　株式会社国宝社
本文データ制作　講談社デジタル製作

2016　Printed in Japan

ISBN978-4-06-292376-7

「講談社学術文庫」の刊行に当たって

これは、学術をポケットに入れることをモットーとして生まれた文庫である。学術は少年の心を養い、成年の心を満たす。その学術がポケットにはいる形で、万人のものになることは、生涯教育をうたう現代の理想である。

こうした考え方は、学術を巨大な城のように見る世間の常識に反するかもしれない。また、一部の人たちからは、学術の権威をおとすものと非難されるかもしれない。しかし、それはいずれも学術の新しい在り方を解しないものといわざるをえない。

学術は、まず魔術への挑戦から始まった。やがて、いわゆる常識をつぎつぎに改めていった。学術の権威は、幾百年、幾千年にわたる、苦しい戦いの成果である。こうしてきずきあげられた城が、一見して近づきがたいものにうつるのは、そのためである。しかし、学術の権威を、その形の上だけで判断してはならない。その生成のあとをかえりみれば、その根は常に人々の生活の中にあった。学術が大きな力たりうるのはそのためであって、生活をはなれた学術は、どこにもない。

開かれた社会といわれる現代にとって、これはまったく自明である。生活と学術との間に、もし距離があるとすれば、何をおいてもこれを埋めねばならない。もしこの距離が形の上の迷信からきているとすれば、その迷信をうち破らねばならぬ。

学術文庫は、内外の迷信を打破し、学術のために新しい天地をひらく意図をもって生まれた。文庫という小さい形と、学術という壮大な城とが、完全に両立するためには、なおいくらかの時を必要とするであろう。しかし、学術をポケットにした社会が、人間の生活にとってより豊かな社会であることは、たしかである。そうした社会の実現のために、文庫の世界に新しいジャンルを加えることができれば幸いである。

一九七六年六月　　　　　　野間省一

続・絵で見る幕末日本
A・アンベール著／高橋邦太郎訳

該博な知識、卓越した識見、また人間味豊かなスイス人の目に、幕末の日本はどのように映ったか。大君の居城、江戸の正月、浅草の祭り、江戸の町と生活など。好評を博した見聞記の続編。挿画も多数掲載。

1771

出雲神話の誕生
鳥越憲三郎著

『出雲国風土記』に描かれた詩情豊かな国引き説話と大神の名は、記紀において抹殺された――大和朝廷の策略と出雲の悲劇を文献史料の克明な検討により明かす。新見地から読み解く出雲神話の成立とその謎。

1783

お雇い外国人　明治日本の脇役たち
梅溪《うめたに》　昇著

明治期、近代化の指導者として日本へ招かれたお雇い外国人。その国籍は多岐にわたり、政治、経済、軍事、教育等あらゆる領域で活躍し、多大な役割を果たした。日本繁栄の礎を築いた彼らの功績を検証する。

1807

太平洋戦争と新聞
前坂俊之著

戦前・戦中の動乱期、新聞は政府・軍部に対しどんな論陣を張り、いかに報道したのか。法令・検閲に自由を奪われるのと同時に、戦争遂行へと社論を転換する新聞。批判から迎合・煽動的論調への道筋を検証。

1817

占領期　首相たちの新日本
五百旗頭　真著

東久邇内閣を皮切りに、幣原、吉田、片山、芦田、再び吉田――。占領という未曾有の難局、苛烈をきわめるGHQの指令のもとで日本再生の重責を担った歴代首相たちの事績と人間像に迫る。吉野作造賞受賞作。

1825

関ヶ原合戦　家康の戦略と幕藩体制
笠谷和比古著

秀吉没後、混沌とする天下掌握への道。慶長十五年九月十五日、遂に衝突する家康・三成の二大勢力。関ヶ原に遅参する徳川主力の秀忠軍、小早川秀秋の反忠行動、外様大名の奮戦など、天下分け目の合戦を詳述。

1858

日本の歴史・地理

武士の誕生
関　幸彦著

古代の蝦夷との戦争が坂東の地に蒔いた「武の遺伝子」は、平将門、源義家、頼朝らによって育まれ、開花した。地方の「在地領主」か、都の「軍事貴族」か。「武士」とはそもそも何か。起源と成長をめぐる新視点。

2150

幕末の天皇
藤田　覚著

天皇の権威の強化を図った光格天皇、その志を継ぎカリスマにまで昇りつめた孝明天皇。幕末政治の表舞台に躍り出た両天皇の八十年間にわたる〝闘い〟に「江戸時代の天皇の枠組み」と近代天皇制の本質を追う。

2157

カレーライスの誕生
小菅桂子著

日本の「国民食」はどのようにして生まれたのか。近代黎明期、西洋料理としてわが国に紹介されたカレーの受容と、独自の発展を遂げる過程に秘められた人々の知恵と苦闘のドラマを活写する、異色の食文化史。

2159

江戸と江戸城
内藤　昌著

徳川家三代が急ピッチで作り上げた世界最大の都市・江戸は、「渦巻き構造」をもった稀有な都市である。古代〜江戸への地理的・歴史的な成立過程を詳述し、その実態を物的証拠により解明した江戸論の基本図書。

2160

中世のなかに生まれた近世
山室恭子著

判物（サイン）から印判状（はんこ）へ。人格的支配から官僚制的支配へ。武田氏、今川氏、上杉氏、毛利氏など、戦国大名の発給した文書を解析し、東国と西国の違いを明らかにし、天下統一の内実に迫った力作。

2170

名将言行録　現代語訳
岡谷繁実著／北小路　健・中澤惠子訳

幕末の館林藩士・岡谷繁実によって編まれた、武将たちの逸話集。千二百をこえる膨大な諸書を渉猟して編纂された大著から戦国期の名将二十二人を抜粋、戦乱の世の雄たちの姿を、平易な現代語で読み解いてゆく。

2177

貝塚爽平著
富士山の自然史

三つのプレートが出会う場所に、日本一の名峰は、そびえ立っている。日本・東京の地形の成り立ちと風景と足下に隠された自然史の読み方を平易に解説する。ロングセラー『東京の自然史』の入門・姉妹編登場。

2212

橋本一夫著
幻の東京オリンピック 1940年大会 招致から返上まで

関東大震災からの復興をアピールし、ヒトラーやムソリーニとの取引で招致に成功しながら、日中戦争勃発で返上を余儀なくされた一九四〇年の東京オリンピック。戦争と政治に翻弄された人々の苦闘と悲劇を描く。

2213

五味文彦著
鎌倉と京 武家政権と庶民世界

中世とは地方武士と都市庶民の時代だった。武家政権の誕生前夜から鎌倉幕府の終焉にかけての、生活の場とその場での営為を通して、自我がめざめた「個」の時代の相貌を探究。中世日本の実像が鮮やかに甦る。

2214

家近良樹著
江戸幕府崩壊 孝明天皇と「一会桑」

薩長を中心とする反幕府勢力が武力で倒幕を果たしたという常識は本当か。王政復古というクーデタ方式が採られた理由とは？　孝明天皇、一橋、会津、桑名藩という知られざる主役に光を当てた画期的な幕末史！

2221

宮脇俊三著
全線開通版　線路のない時刻表

完成間近になって建設中止となった幻のローカル新線。その沿線を辿る紀行と、著者作成による架空の時刻表を収録した。第三セクターによる開業後の実乗記を加えた、全線開通版。付録として、著者の年譜も収録。

2225

宮尾しげを著
すし物語

大陸から伝来した馴れ鮓は押しずしを経て、江戸期に一夜ずし、にぎりずしとなる。すしの歴史から江戸・明治の名店案内、米・魚・のりなどの材料の蘊蓄、全国各地のすし文化まで、江戸文化研究家が案内する。

2234

日本の歴史・地理

侍従長の回想
藤田尚徳著（解説・保阪正康）

敗戦必至の状況に懊悩する昭和天皇。終戦の決断に至るまでに何があったのか。玉音放送、マッカーサーとの会見、そして退位論をめぐって示した君主としての姿勢とは。激動期に側近に侍した著者の稀有の証言。

2284

伊藤博文　近代日本を創った男
伊藤之雄著

討幕運動、条約改正、憲法制定、そして韓国統治と暗殺。近代国家を創設した最大の功労者の波乱の生涯と、「剛凌強直《ごうりょうきょうちょく》」たる真の姿を描き切る。従来の「悪役イメージ」を覆し、その人物像を一新させた話題の書。

2286

満鉄調査部
小林英夫著

戦時経済調査、満蒙・ソ連研究、華北分離政策などの活動実態から、関東憲兵隊との衝突、戦後日本の経済成長やアジア研究への貢献まで。満洲から国策を先導した、「元祖シンクタンク」満鉄調査部の全貌に迫る。

2290

徳富蘇峰　終戦後日記　『頑蘇夢物語』
徳富蘇峰著（解説・御厨　貴）

占領下にあっても近代日本最大の言論人は書き続ける。封印された第一級史料には、無条件降伏への憤り、昭和天皇への苦言、東條・近衛ら元首相への批判と大戦の行方を見誤った悔悟の念が赤裸々に綴られていた！

2300

大政翼賛会への道　近衛新体制
伊藤　隆著

太平洋戦争前夜、無血革命に奔った群像！　憲法の改正や弾力的運用で政治・経済・社会体制の変革と一党支配を目指した新体制運動。これを推進した左右の革新派の思惑と、彼らが担いだ近衛文麿の行動を追跡。

2340

秩禄処分《ちつろくしょぶん》　明治維新と武家の解体
落合弘樹著

明治九年（一八七六）、ついに〈武士〉という身分が消滅した！　支配身分の特権はいかにして解消され、没落した士族たちは、この苦境にどう立ち向かっていったのか。維新期最大の改革はなぜ成功したかを問う。

2341